技工院校通用职业素质课程实验

创业创新指导与实训教案汇编

主　编　张珈瑞

参　编　曾晓君　陶建春　沈　玲　王　芳

　　　　宋　丽　李培德　高素敏

中国劳动社会保障出版社

简介

本教案汇编是技工院校通用职业素质课程实验教材《创业创新指导与实训》的配套用书。本书紧扣教学要求，内容编制依照教材单元顺序展开，主要包括创业与创业精神、创业机会与商业模式、创业团队的组建、创业计划书的撰写、创业项目的路演、创业资金的运作、创办新企业、创业者应具备的创新思维、创新思维对创业的启发等教学方案。教案汇编中有形式多样的教案供教师参考，配套资源可登录 http://jg. class. com. cn，在对应的书目中下载。

本教案汇编由张珈瑞主编，曾晓君、陶建春、沈玲、王芳、宋丽、李培德、高素敏参加编写（参编姓名按撰写内容的先后顺序排列）。

图书在版编目(CIP)数据

创业创新指导与实训教案汇编/张珈瑞主编. -- 北京：中国劳动社会保障出版社，2022

技工院校通用职业素质课程实验

ISBN 978-7-5167-5476-4

Ⅰ. ①创… Ⅱ. ①张… Ⅲ. ①创造教育-教案（教育）-汇编-技工学校 Ⅳ. ①G40-012

中国版本图书馆 CIP 数据核字(2022)第 188871 号

中国劳动社会保障出版社出版发行

（北京市惠新东街 1 号　邮政编码：100029）

*

北京市科星印刷有限责任公司印刷装订　新华书店经销

787 毫米×1092 毫米　16 开本　6 印张　110 千字

2022 年 10 月第 1 版　2022 年 10 月第 1 次印刷

定价：19.00 元

营销中心电话：400-606-6496

出版社网址：http://www. class. com. cn

http://jg. class. com. cn

目 录

第一单元 创业与创业精神

创业与创业精神教学设计

<table>
<tr><td>教学单元</td><td>第一单元　创业与创业精神</td><td>课时</td><td>2</td></tr>
<tr><td>教学内容</td><td colspan="3">创业的概念、适合学生的创业模式</td></tr>
<tr><td rowspan="2">教学对象</td><td>授课专业</td><td>授课班级</td><td>学生人数</td></tr>
<tr><td>电子商务专业</td><td>五年制高技班</td><td>39</td></tr>
<tr><td colspan="4">一、学情分析</td></tr>
<tr><td colspan="4">1. 本次课的授课对象是五年制高技班高年级学生，他们即将进行跟岗实习，喜欢动手，自主学习能力和逻辑思维能力需要培养
2. 学生对理论知识不太感兴趣。对案例实操课程的热情较高，但不善于总结归纳和找规律；对未来岗位充满期待和向往
3. 该班同学关系融洽，学习氛围浓厚；独立表达观点和参与角色扮演等活动时容易产生畏难情绪，需要教师引导和同学鼓励</td></tr>
<tr><td colspan="4">二、教学目标</td></tr>
<tr><td colspan="4">1. ①课前目标是通过教材与互联网平台，介绍创业、创业精神内涵并帮助学生寻找适合的创业类型；②课中目标是通过案例分析，使学生掌握创业模式
2. 让学生在课堂上和大家分享创业灵感，并深度分析原因。课中通过集体分析创业灵感可行性，进一步明确创业方向及目标；课后继续寻找同龄人创新创业案例，提取创业元素和创业精神，区分创业类型
3. 通过学生讲述或讨论，提高其表达能力和分析能力，养成勤思考的习惯</td></tr>
<tr><td colspan="4">三、重难点分析</td></tr>
<tr><td colspan="4">重点：创业、创业模式、创业精神的理解
重点突破策略：利用头脑风暴法，收集学生的想法，在此基础上进行引导、提炼
难点：创业成功人士（俞敏洪、周鸿祎、王兴等）案例与现实学生创业的差距分析
难点突破策略：找出创业者共同具有的创业理念和思路</td></tr>
</table>

续表

四、教学资源				
1. 教学平台：网络课程、互动学习平台 2. 多媒体教室及教学设备：电脑、投影仪、麦克风、手机、网络、白板等 3. 信息化教学资源：PPT、视频、微课、微信群等 4. 教材及评价表等				
五、教学实施过程				
教学环节及时间分配		学习内容	师生活动	设计意图
课前	勤动脑 （20分钟）	1. 创业、创业精神内涵 2. 适合学生的创业模式	教师： 1. 准备微课及学生学习资料，上传至互动学习平台 2. 收集整理学生上传资料，统计完成情况，梳理学生提交的案例 学生： 1. 登录互动学习平台，自主学习微课及相关学习资料 2. 收集案例 3. 提交课前作业	培养学生学习的主动性，借助互联网手段，使学生完成课前预习，增加学生对学习创业知识的兴趣
课中	考勤 （1分钟）		班长：汇报考勤 教师：做好记录	培养学生的纪律意识，增强集体观念
	比一比 （4分钟）	回顾课前预习的知识点	教师：点评学生提交的课前作业，公布学习小组整体学习情况 学生：认真做笔记	培养学生表达、分析、总结能力
	我说你听 （15分钟）	1. 周鸿祎创业案例分析 2. 小胖创业案例分析	教师： 1. 阐述创业的概念 2. 分析周鸿祎创业案例 3. 分析电子课件中小胖同学自制钥匙饰品案例 学生：做好记录	
	你说我听 （15分钟）	学生身边创业案例	学生：讲述身边的创业案例 教师：简短点评	

续表

教学环节及时间分配		学习内容	师生活动	设计意图
课中	大家说（10分钟）	创业者应该具备的能力	教师： 1. 使用互动学习平台发布头脑风暴问题：“创业者应具备的能力是什么？” 2. 课件展示创业者应具备的核心能力：强烈的创业欲望、忍耐力、开阔的眼界、敏锐的市场嗅觉、谋略与胆识等 学生： 1. 登录互动学习平台参与头脑风暴，激发思想火花 2. 记录创业者的核心能力，对照自己找差距	1. 培养学生表达、分析、总结能力 2. 学会使用头脑风暴法呈现自己的想法
	概念引入（2分钟）	创业案例	教师： 1. 列举案例，阐述创业精神 2. 将教材中的创新思维案例分给六个小组，保证任意两个小组至少有一个案例相同，便于对比 学生：进行案例讨论，回答提问，分享小组收获	
	做做看（15分钟）	1. 优秀创业者的潜质 2. 创业模式	教师：个别引导和答疑 学生： 1. 独立学习案例（2分钟） 2. 讨论优秀创业者的潜质和创业模式（10分钟） 3. 准备小组汇报（3分钟）	
	比一比（15分钟）	1. 优秀创业者的潜质 2. 创业模式	教师：组织学生进行小组分享 学生： 1. 按小组就座 2. 每个小组选一个代表，向其他小组分享本组的收获	
	听我说（5分钟）	相互学习交流体会	教师：点评 学生：小组之间相互点评	
	拓展（5分钟）	学习创业精神	教师：总结创业精神 学生：聆听并参与讨论	
	结束（3分钟）	总结回顾	教师：布置作业，讲解完成要点 学生：记录并了解要求	

续表

教学环节及时间分配		学习内容	师生活动	设计意图
课后	勤动手（20 分钟）	探寻身边创业者的创业故事	学生： 1. 了解身边人的创业经历，倾听他们的创业故事 2. 记录他人的故事，准备课上分享 教师： 1. 收集学生作业 2. 在互动学习平台上在线答疑	培养学生向他人学习的习惯
六、学业评价				
本课的学业评价分为学生自评、小组互评、教师评价三个环节，其中教师评价包括在互动学习平台上打分和课堂点评两个部分，学生自评和小组互评见附件				
七、附件				
1. 自我评价表 2. 小组评价表				

附　件　1

自我评价表

教学环节		评价内容	分值	得分
课前	微课观看	完成度	0~10	
	测试	知识点测试分数×50%	0~50	
课中	案例	准备案例 5 分/个，2 个及以上得 10 分	0~10	
	新知识	掌握程度	0~10	
	课堂表现	活动参与度	0~10	
课后	作业	作业完成度	0~10	

附　件　2

小组评价表

项目 / 小组名称	小组纪律（20分，违纪现象扣2分/次）	在规定的时间完成任务（20分）	作品质量（20分）	汇报者表现（20分）	团队合作（20分）	备注（附加分）
第一小组						
第二小组						
第三小组						
第四小组						
第五小组						
第六小组						

第二单元　创业机会与商业模式

创业机会与商业模式教学设计

教学单元	第二单元　创业机会与商业模式	课时	2
教学内容	创业机会、创业风险、创业项目的商业模式		
教学对象	授课专业	授课班级	学生人数
	服装设计专业	五年制高级班	42

一、学情分析

1. 经过2年的专业学习，学生已经对本专业相关的行业和职业有了一定的认知，但是学生创业的起点较低，创业中主观意识较强，缺乏对市场需求的把握，对创业创新的理解有偏差，缺乏对风险的识别能力

2. 技工院校高年级的学生普遍对创业感兴趣，但创业意向不明确，其主要原因就是创业相关知识匮乏

3. 学生缺少创业策划能力，不熟悉市场，过于理想化

二、教学目标

1. 发现创业机会，识别并处理创业风险，选择适合自己的商业模式

2. 能评估创业风险，能够选择有价值的创业项目和合适的商业模式

3. 通过教师讲授和学生讨论、分析、练习，锻炼其分析评估能力

三、重难点分析

重点：抓住创业机会，识别创业风险，选择创业项目的商业模式

重点突破策略：利用头脑风暴法，收集学生的想法，在此基础上进行引导、提炼

难点：选择身边的创业机会，识别并处理创业风险，甄选出适合本人的商业模式

难点突破策略：用案例分析法、SWOT分析法、头脑风暴法引导学生思考，促使他们举一反三

续表

四、教学资源

1. 教学平台：网络课程、互动学习平台
2. 多媒体教室及教学设备：电脑、投影仪、麦克风、手机、网络、白板等
3. 信息化教学资源：PPT、视频、微课、微信群等
4. 教材及评价表等

五、教学实施过程

教学环节及时间分配		学习内容	师生活动	设计意图
课前	翻转课堂（20 分钟）	1. 创业机会 2. 不同创业项目的商业模式	教师： 1. 上传资料，布置学习任务 2. 检查学生课前完成情况 3. 梳理学生提交的创业思路 学生： 1. 收集身边成功者的创业思路 2. 提交互动学习平台	提升学生学习兴趣，培养学生自主学习的习惯
课中	考勤（1 分钟）		班长：汇报考勤 教师：做好记录	培养学生的纪律性，增强集体观念
	导入（5 分钟）	1. 李维斯案例 2. 创业机会的概念	教师： 1. 阐述创业机会的概念 2. 分析教材 24 页李维斯案例 3. 结合案例讲解创业机会的概念 学生： 1. 学习案例 2. 讨论发言	激发学生的学习兴趣
	做一做（15 分钟）	识别创业机会	教师： 1. 列举疫情中的商业机会 2. 写出身边成功者的两个创业思路 学生： 1. 分组讨论分析 2. 写出两个创业思路	用头脑风暴法培养学生用开拓性思维能力

续表

教学环节及时间分配		学习内容	师生活动	设计意图
课中	教师讲学生做（20分钟）	1. 创业风险识别 2. 风险应对	教师： 1. 阐述创业的风险 2. 案例分析——果芳芳的外卖活动（见附件） 3. 结合疫情中英语培训机构将线下教学转为线上教学的案例，讲授风险处理的方法，重点说明机会与风险是并存的 4. 指导学生完成教材30页的创新思维训练 学生： 1. 聆听、讨论、分析、评价、记录 2. 完成教材30页的创新思维训练	培养学生分析问题、解决问题的能力
	做一做（20分钟）	1. SWOT分析法的使用方法 2. 用SWOT分析法评估创业项目	教师： 1. 结合案例讲述SWOT分析法（见附件） 2. 布置任务——用SWOT分析法分析创业项目（见附件） 3. 引导学生做创业分析表 4. 引导学生结合优势甄选创业项目，写出有价值的创业机会 学生： 1. 用SWOT分析法分析评估本小组的创业项目 2. 完成创业分析表 3. 写出自己认为有价值的创业项目	培养学生独立思考问题的能力，帮助学生更好地评价自己的项目
	猜一猜（15分钟）	商业模式的类型	教师： 1. 讲授什么是商业模式 2. 对盒马鲜生和京东到家进行对比，分析商业模式的类型 3. 任务布置——对课件中给出的5个创业项目进行商业模式的分类 4. 点评并分析商业模式的类型 学生： 1. 聆听、讨论、记录 2. 对课件中的5个创业项目进行商业模式的归纳分类	培养学生从身边的事物中发现规律的能力

续表

教学环节及时间分配		学习内容	师生活动	设计意图
课中	做一做 （10 分钟）	选择适合自己的商业模式	教师： 1. 在互动学习平台上发布头脑风暴问题：“如何选择适合本人的创业商业模式?” 2. 引导学生正确选择创业项目的商业模式类型 学生： 1. 参与头脑风暴法讨论 2. 写出适合自己创业项目的商业模式类型	培养学生学以致用的能力
	结束 （4 分钟）	总结回顾	教师： 1. 总结课堂知识点 2. 布置作业，讲解完成要点 学生：记录、总结	培养学生对知识的总结能力
课后	学习 拓展 （20 分钟）	挖掘身边创业者是如何发现创业机会并以何种形式创业的	教师： 1. 收集学生作业反馈 2. 在互动学习平台上在线答疑 学生： 1. 调查身边的创业者是怎样发现创业机会的，他们以一种什么样的商业模式创业 2. 准备课堂分享内容	培养学生向他人学习的习惯

六、学业评价

1. 完成互动学习平台提交的课前任务获得 3 个经验值
2. 参与课上讨论获得 3 个经验值/问题
3. 积极参与头脑风暴，想法合理，获得 3 经验值
4. 完成课后拓展题目，获得 4 个经验值

七、附件

1. 案例分析：果芳芳的外卖活动
2. 应用 SWOT 分析的实例（我的服装店）
3. SWOT 问题清单
4. 创业分析表

附　件　1

案例分析：果芳芳的外卖活动

果芳芳做了一期饮品外卖周末打折活动。她周五开开心心地在线上订餐平台做宣传，希望周六大赚一笔。实际上，周六没到营业时间，线上预订单就开始激增。因备餐和打包环节跟不上，店内伙伴们手忙脚乱，制作周期严重超时，骑手在店外排起了长队。

附 件 2

应用 SWOT 分析的实例（我的服装店）

企业外部因素 / 企业内部因素	优势 S 1. 吃苦耐劳、为人热情 2. 对时尚一直有关注 3. 有服装店从业经验 4. 房租比竞争对手便宜	劣势 W 1. 资金较少 2. 不懂成本核算 3. 进货渠道较单一
外部机会 O 1. 社区居民较多 2. 年轻人很多 3. 居民收入水平较高	优势+机会 SO 1. 尽快营业（S4，O1，O2） 2. 延长营业时间，以服务取胜（S1，S3，O1） 3. 发展会员制消费（S3，O3）	劣势+机会 WO 1. 打折销售增加资金流动（W1，O1，O2） 2. 寻找一家有实力的进货商（W3，O3）
外部威胁 T 1. 已经有三家同类店商 2. 供货商要求现金交易	优势+威胁 ST 1. 销售特色品牌服装（S2，S3，T1） 2. 定期开展促销活动（S4，T1，T2）	劣势+威胁 WT 1. 参加创业学习（W2，T2） 2. 向小额贷款中心申请 2 万元贷款（W1，T2）

附　件　3

SWOT 问题清单

要求学生以小组为单位，立足本小组的创业项目，对照 SWOT 问题清单（也可以不局限于表中的问题），找出答案写入创业分析表。

优势 S（内部）	劣势 W（内部）
□我们团队及成员有哪些优点？ □我们团队及成员有哪些独特资源？ □在客户看来，我们的产品或服务的优势是什么？ □我们公司产品的独特卖点是什么？	□我们的团队有哪方面做得不够好？ □我们的团队欠缺哪些能力？ □什么因素在拖我们的后腿？ □什么因素让客户不选择我们？
机会 O（外部）	**威胁 T（外部）**
□行业中有哪些潜在的标准在发生变化？ □目前的经济形势会给我们带来积极影响吗？ □有哪些已有机会是我们没有去把握的？ □哪些机会正在变得成熟，可以去尝试？	□我们现在的竞争对手是谁？他正在做什么？ □这是一个夕阳行业吗？ □行业正在发生哪些不利于我们的改变？ □有哪些新兴技术正在替代我们的产品或服务？

附 件 4

创业分析表

内部分析 外部分析	优势（S） （列出优势） 1. 2. 3. ……	劣势（W） （列出劣势） 1. 2. 3. ……
机会（O） （列出机会） 1. 2. 3. ……	SO 战略 （利用优势、抓住机会） 1. 2. 3. ……	WO 战略 （克服劣势、寻找机会） 1. 2. 3. ……
威胁（T） （列出威胁） 1. 2. 3. ……	ST 战略 （利用优势、回避威胁） 1. 2. 3. ……	WT 战略 （减少劣势、回避威胁） 1. 2. 3. ……

第三单元　创业团队的组建

创业团队的组建教学设计

<table>
<tr><td>教学单元</td><td>第三单元　创业团队的组建</td><td>课时</td><td>2</td></tr>
<tr><td>教学内容</td><td colspan="3">创业团队的组建</td></tr>
<tr><td rowspan="2">教学对象</td><td>授课专业</td><td>授课班级</td><td>学生人数</td></tr>
<tr><td>电子商务专业</td><td>五年制高技班</td><td>39</td></tr>
<tr><td colspan="4">一、学情分析</td></tr>
<tr><td colspan="4">1. 通过学习课程中前两个单元，学生对创业知识有了一定的了解和认识，但是对如何创建创业团队和如何分配股权知识很陌生
2. 学生对基础课程的学习有倦怠情绪，学习主动性不如专业课；部分学生自控能力较差，需要教师建立一定的奖励和督促机制；学生不喜欢传统的教学模式，喜欢教师设置有趣的课堂活动；学生容易接受由易到难的学习任务，且一次性学习任务不能过多；学生喜欢表现自己，希望从完成学习任务的过程中获得成就感
3. 学生搜集网络信息的能力强，发散思维好，能想出很多好点子；学生的解决问题能力较弱，需要教师逐步引导，大部分学生语言表达能力有待提高</td></tr>
<tr><td colspan="4">二、教学目标</td></tr>
<tr><td colspan="4">1. ①课前目标是借助教材与互联网，了解创业团队的重要性、找不到合伙人的原因；②课中目标是掌握和运用组建创业团队的方法，了解股权分配的原则；③课后目标是能够运用组建创业团队的方法和股权分配原则
2. 能够根据所学知识合理组建创业团队和分配自己团队的股权
3. 深刻体会创业团队成员间优势互补、团结合作、目标一致、合理分配股权对于创业的重要性</td></tr>
<tr><td colspan="4">三、重难点分析</td></tr>
<tr><td colspan="4">重点：组建创业团队和股权分配</td></tr>
</table>

续表

重点突破策略：利用头脑风暴、案例分析、小组讨论、游戏等方法让学生掌握选择创业伙伴的方法和股权分配的方法 难点：教会学生组建创业团队的方法 难点突破策略： ①课前：采用学生自学的方法，通过设计相应的任务，培养学生组建创业团队的意识 ②课中：通过头脑风暴和案例分析教授学生组建创业团队的理论，通过团队游戏，让学生体验组建创业团队的过程 ③课后：完善组建创业团队的方案
四、教学资源
1. 教学平台：网络课程、互动学习平台 2. 多媒体教室及教学设备：电脑、投影仪、麦克风、手机、网络、白板等 3. 信息化教学资源：PPT、视频、微课、微信群等 4. 教材及评价表等
五、教学实施过程

教学环节及时间分配		学习内容	师生活动	设计意图
课前	勤动脑 （20 分钟）	1. 创业团队的重要性 2. 找不到合伙人的原因	教师： 1. 准备学习资料 2. 布置任务： （1）阅读教材 43 页内容“找不到合伙人的原因” （2）在网上搜集关于创业团队的故事 （3）完成课前练习题 3. 了解作业完成情况，梳理学生提出的疑难问题 学生： 1. 阅读教材、互动学习平台资料 2. 观看创业团队的故事 3. 提交课前作业	培养学生学习的主动性；督促学生借助互联网手段完成课前预习，为更好地学习课上内容做准备
课中	考勤 （1 分钟）		班长：汇报考勤 教师：做好记录	培养学生的纪律性，增强集体观念
	答疑 （3 分钟）	复习巩固课前知识	教师：点评学生提交的课前作业，并公布学习小组整体学习情况 学生：回答教师的提问，认真做笔记	检查学生课前知识掌握情况，培养学生表达、分析、总结的能力

续表

教学环节及时间分配		学习内容	师生活动	设计意图
课中	导入 （3 分钟）		教师： 1. 播放乐团奏乐的视频 2. 引导学生分析团队能奏出优美音乐的因素——合作、各司其职、听指挥，思考如何组建创业团队 学生： 1. 分析讨论乐团能奏出优美音乐的因素 2. 思考创业团队的组建问题	培养学生分析问题、解决问题的能力
	头脑风暴 （5 分钟）	什么样的合伙人最合适	教师： 1. 布置头脑风暴活动——什么样的合伙人最合适 2. 对学生给出的答案进行归类总结 学生：说出合伙人应该具备的能力	让学生学会头脑风暴法，鼓励学生积极思考
	案例分析 （10 分钟）	团队案例	教师： 1. 引导学生分析唐僧取经团队成员的特点 2. 组织学生进行小组分享 3. 点评 4. 归纳总结优秀团队成员的特点——有共同目标，团队成员之间会互相聆听和配合，能力互补，各有所长、各司其职 5. 讲解组建优秀团队的策略——选择有共同目标和价值观且工作能力、性格、经历背景互补的人作为合伙人 学生： 1. 小组分析唐僧取经团队成员的性格、能力特点，以及他们在团队中的作用 2. 小组分享讨论结果 3. 聆听教师讲解，做好笔记	培养学生沟通能力、表达能力、归纳总结能力、团队合作能力

续表

教学环节及时间分配		学习内容	师生活动	设计意图
课中	创建自己的团队 （30 分钟）	如何选择创业伙伴	教师： 1. 布置创建创业团队的学习任务 2. 指导学生完成创业团队的组建 3. 点评 学生： 1. 在互动学习平台中填写个体特征调查问卷 2. 聆听教师分析问卷结果，并根据结果确定创业领导人（根据班级的实际情况确定领导人人数） 3. 填写自我评价表格，分享结果 4. 完成教材 46 页创新思维训练内容“列出你对创业合作伙伴的需求”，分享结果 5. 根据前三项结果，负责人确定自己的合作伙伴，并说明理由（对于重复被选的人员，由本人决定要加入的团队） 6. 聆听教师的分析，做好笔记	1. 通过模拟实践活动，让学生边做边理解，掌握创建合理团队的方法，进一步突破教学重点，化解教学难点 2. 培养学生的思考、知识运用能力
	游戏 （25 分钟）	股权分配如何设计	教师： 1. 组织学生开展游戏活动（见附件） 2. 分析、点评学生的股权分配方案，指出其中的合理和不合理之处，让学生学习、理解、掌握如何分配股权 学生： 1. 参与游戏活动，根据要求给出相应的股权分配方案 2. 聆听教师的分析，思考、学习、理解如何分配股权	1. 让学生在游戏中学习如何进行股权分配，突破教学重点 2. 培养学生的分析、理解、归纳能力
	为自己的团队分配股权 （10 分钟）	股权设计需注意的事项	教师： 1. 布置学习任务——为自己的团队分配股权 2. 点评、总结 学生： 1. 根据所学知识对自己的团队进行股权分配 2. 分享团队的股权分配结果，说明分配的理由 3. 聆听教师点评、总结	1. 学生设计自己团队的股权分配方案，进行知识的运用 2. 培养学生的分析、理解、归纳能力

续表

<table>
<tr><th colspan="2">教学环节及
时间分配</th><th>学习内容</th><th>师生活动</th><th>设计意图</th></tr>
<tr><td>课中</td><td>结束
（3 分钟）</td><td>总结回顾</td><td>教师：布置作业，讲解完成要点
学生：
1. 总结本课主要内容
2. 记录并了解课后作业要求</td><td>培养学生的总结能力</td></tr>
<tr><td>课后</td><td>优化
（20 分钟）</td><td>完善自己团队的成员分工和股权分配方案</td><td>教师：
1. 收集学生作业
2. 在互动学习平台上在线答疑
学生：完成教师布置的作业并上交</td><td>进一步巩固所学知识，培养学生的合作、沟通能力</td></tr>
<tr><td colspan="5">六、学业评价</td></tr>
<tr><td colspan="5">本课的学业评价包括学生自评、小组互评、教师评价三个环节。其中，教师评价包括互动学习平台打分和课堂点评两个部分，学生自评和小组互评见附件</td></tr>
<tr><td colspan="5">七、附件</td></tr>
<tr><td colspan="5">1. 游戏活动
2. 自我评价表
3. 小组评价表</td></tr>
</table>

附 件 1

游戏活动

小明准备创业，通过学习“如何选择创业伙伴”，他找到了专业能力强的小刚和有创业意愿的小华作为自己的合作伙伴，成立了自己的创业团队。目前他们打算每人拿出 1 000 元作为创业的资金，但是他们不知道如何分配股权，请大家为他们出谋划策。

附　件　2

自我评价表

教学环节		评价内容	分值	得分
课前	微课观看	完成度	0~10	
	测试	知识点测试分数×50%	0~50	
课中	案例	准备案例 5 分/个，2 个及以上得 10 分	0~10	
	新知识	掌握程度	0~10	
	课堂表现	活动参与度	0~10	
课后	作业	作业完成度	0~10	

附　件　3

小组评价表

项目 小组名称	小组纪律 （20分，违纪现象扣2分/次）	在规定的时间完成任务 （20分）	作品质量 （20分）	汇报者表现 （20分）	团队合作 （20分）	备注 （附加分）
第一小组						
第二小组						
第三小组						
第四小组						
第五小组						
第六小组						

第四单元　创业计划书的撰写

客户画像教学设计

<table>
<tr><td>教学单元</td><td>第四单元　创业计划书的撰写</td><td>课时</td><td>2</td></tr>
<tr><td>教学内容</td><td colspan="3">客户画像的定义及应用</td></tr>
<tr><td rowspan="2">教学对象</td><td>授课专业</td><td>授课班级</td><td>学生人数</td></tr>
<tr><td>计算机广告专业</td><td>五年制高技班</td><td>40</td></tr>
<tr><td colspan="4">一、学情分析</td></tr>
<tr><td colspan="4">1. 该班学生已经完成了 2 年的专业课程学习，有一定的专业基础，喜欢动手，人物画像是该班学生的强项，但仍需要引导学生在画像时抓住客户关键属性
2. 学生对理论知识不太感兴趣，对动手实操课程的学习热情较高，不善于总结归纳和找规律，需要耐心引导
3. 大部分学生喜欢沟通，课堂气氛活跃，缺乏严谨、细致的职业素质</td></tr>
<tr><td colspan="4">二、教学目标</td></tr>
<tr><td colspan="4">1. 了解如下内容，为创业计划书的撰写打下基础：①客户画像的含义；②客户画像的原因；③客户画像的流程
2. ①培养学生分析常见商品的目标客户特征的能力；②培养学生抓住目标客户关键特征，形成客户画像的能力；③培养学生语言表达、沟通能力
3. ①促进学生融入集体活动，发扬团队合作精神；②提高学生学习创新创业课程的兴趣，使他们体验学习的快乐</td></tr>
<tr><td colspan="4">三、重难点分析</td></tr>
<tr><td colspan="4">重点：掌握客户画像的定义及应用
重点突破策略：客户画像是商业模式画布的前导内容，故通过案例解析，让学生理解客户画像内涵及应用场景
难点：客户画像流程
难点突破策略：①请学生根据流程制作标准，对本小组的创业项目目标客户进行标签化，逐步画像；②向学生讲述奥卡姆剃刀原理，锻炼他们剔除无用标签、保留关键标签的能力</td></tr>
</table>

续表

四、教学资源

1. 教学平台：网络课程、互动学习平台
2. 多媒体教室及教学设备：电脑、投影仪、麦克风、手机、网络、白板等
3. 信息化教学资源：PPT、视频、微课、微信群等
4. 教材及评价表等

五、教学实施过程

<table>
<tr><th colspan="2">教学环节及
时间分配</th><th>学习内容</th><th>师生活动</th><th>设计意图</th></tr>
<tr><td>课前</td><td>勤动脑
（20 分钟）</td><td>1. 客户画像的内涵：根据用户社会属性、生活习惯和消费行为等信息抽象出来的标签化用户模型
2. 客户画像类型</td><td>教师：
1. 上传资料，布置课前作业
2. 检查学生课前作业完成情况
3. 梳理学生提交的作业
学生：
1. 走访身边商店、饭馆经营者及员工，学会寻找目标客户
2. 向身边的亲戚朋友请教寻找客户的方法</td><td>让学生通过咨询、访谈、收集信息完成作业，为导入课堂做准备</td></tr>
<tr><td rowspan="3">课中</td><td>考勤
（1 分钟）</td><td></td><td>班长：汇报考勤
教师：做好记录</td><td>培养学生的纪律意识，增强集体观念</td></tr>
<tr><td>点评
（9 分钟）</td><td>回顾课前预习的知识点</td><td>教师：
1. 对学生提交的作业进行梳理和点评
2. 借助疫情居家场景，引入新课内容
学生：
1. 学习案例
2. 讨论发言</td><td>通过生活中常见案例，让学生更快掌握知识点</td></tr>
<tr><td>我说你听
（15 分钟）</td><td>客户画像的场景化表述</td><td>教师：
1. 采用头脑风暴法收集学生疫情期间的居家标签
2. 让学生对疫情期间学生身份的人进行标签化描述
学生：
1. 聆听、思考、做笔记
2. 完成头脑风暴任务</td><td>用头脑风暴法让学生树立新观念，激发创新思维</td></tr>
</table>

续表

教学环节及时间分配		学习内容	师生活动	设计意图
课中	教师讲学生做（20分钟）	1. 客户画像基本方法 2. 客户特征标签的形成过程 3. 提炼关键标签	教师： 1. 讲述客户画像的基本方法 2. 师生一起完成校园快递项目客户画像推演 3. 分析目标客户特征标签的形成过程 学生： 1. 聆听、讨论、分析、评价、记录 2. 完成课堂任务	培养学生分析、解决问题的能力
	做一做（20分钟）	练习客户画像	教师： 1. 布置客户画像任务：在校园超市选一款商品，采用头脑风暴法对该商品的目标客户进行标签化处理，逐步形成客户画像 2. 巡回指导 学生： 1. 小组讨论、分析 2. 进行客户画像	1. 小组互评帮助学生更好地认识自己的项目 2. 让学生在客户画像中做到知识点的学以致用
	秀一秀（20分钟）	展示小组客户画像成果	教师： 1. 让学生展示成果 2. 点评，肯定学生画像的亮点 学生： 1. 每个小组选派一人讲解 2. 聆听、记录、点评（在评分表打分）	培养学生相互学习的能力
	升一下（3分钟）		教师："同样的商品，为什么同学们的客户画像有较大差异？" 学生： 1. 聆听并回答提问 2. 做记录	培养学生总结归纳的能力
	结束（2分钟）		教师： 1. 总结课堂知识点 2. 布置作业，讲解完成要点 学生：聆听并做好笔记	

续表

<table>
<tr><th colspan="2">教学环节及时间分配</th><th>学习内容</th><th>师生活动</th><th>设计意图</th></tr>
<tr><td>课后</td><td>学习拓展（20分钟）</td><td>巩固客户画像方法</td><td>教师：
1. 收集学生作业
2. 在互动学习平台上在线答疑
学生：
1. 完善本组项目的客户画像
2. 聆听身边朋友意见，检验客户画像的合理性</td><td>巩固所学知识，为后面章节的学习奠定基础</td></tr>
<tr><td colspan="5">六、学业评价</td></tr>
<tr><td colspan="5">学业评价设计以教学目标为导向，以易操作为原则，评价设计思路如下（见附件1）：
1. 课前学习评价，教师通过互动学习平台对提交的课前任务进行打分
2. 课中过程性评价，以小组评价为主（见附件2）
3. 课后结果性评价，教师通过互动学习平台对完成的课后拓展题目进行打分</td></tr>
<tr><td colspan="5">七、附件</td></tr>
<tr><td colspan="5">1. 评价设计思路
2. 过程性评价表（小组互评）</td></tr>
</table>

附　件　1

评价设计思路

评价项目	评价标准	评价主体	评价方式	权重（%）
课前学习评价	课前测试题	教师	线上评价	20
课中学习过程评价	过程性评价表	学生或小组长	线下评价	50
课后结果性评价	完成率及效果	教师	线上评价	30

附　件　2

过程性评价表（小组互评）

组序	任务完成率（20分）	抢答（20分）	团队协作（20分）	创新实践（20分）	表达效果（20分）	备注（附加分）
1						
2						
3						
4						
5						
6						

商业模式画布教学设计

<table>
<tr><td>教学单元</td><td>第四单元　创业计划书的撰写</td><td>课时</td><td>2</td></tr>
<tr><td>教学内容</td><td colspan="3">商业模式画布构成及应用</td></tr>
<tr><td rowspan="2">教学对象</td><td>授课专业</td><td>授课班级</td><td>学生人数</td></tr>
<tr><td>电子商务专业</td><td>五年制高技班</td><td>39</td></tr>
<tr><td colspan="4">一、学情分析</td></tr>
<tr><td colspan="4">1. 该班级学生是五年制四年级学生，年龄在 17~19 岁，70%以上的学生来自农村，家庭收入一般。学生对学技能改变家庭经济环境有强烈的欲望，学习态度较好，有着不怕挫折的韧性；发散思维能力较弱，语言表达缺乏自信
2. ①经过 3 年的专业学习，学生已经具备电商岗位助理应有的专业素质；②学生通过学习市场营销、网络营销知识，具备基本的商业思维分析能力
3. ①学生模仿能力较强，但学习习惯和主动解决问题的能力有待加强；②学生学习态度较好，学习自觉性和自我约束力需要引导</td></tr>
<tr><td colspan="4">二、教学目标</td></tr>
<tr><td colspan="4">1. ①使学生理解商业模式概念和商业模式画布的组成；②让学生掌握商业模式画布的绘制方法；③让学生了解商业模式画布的应用
2. ①使学生能够绘制简单的商业模式画布；②使学生能够理解较为复杂的商业模式画布
3. 培养学生团队协作能力和整体思维能力</td></tr>
<tr><td colspan="4">三、重难点分析</td></tr>
<tr><td colspan="4">重点：①商业模式画布的组成结构分析；②商业模式画布案例分析
重点突破策略：结合学生熟悉的案例进行讲解
难点：在真实商业活动中，进行商业模式画布分析
难点突破策略：采用小组讨论、企业访谈等方式让学生增加感性认知</td></tr>
<tr><td colspan="4">四、教学资源</td></tr>
<tr><td colspan="4">1. 教学平台：网络课程、互动学习平台
2. 多媒体教室及教学设备：电脑、投影仪、麦克风、手机、网络、白板等
3. 信息化教学资源：PPT、视频、微课、微信群等
4. 教材及评价表等</td></tr>
</table>

续表

五、教学实施过程

教学环节及时间分配		学习内容	师生活动	设计意图
课前	勤动脑 （20 分钟）	商业模式画布相关知识	教师： 1. 上传关于商业模式画布的学习资料，包括商业模式画布的结构、应用案例 2. 检查学生课前作业完成情况 3. 梳理学生提交作业 学生： 1. 收集互联网上关于商业模式画布的相关知识 2. 通过互动学习平台学习教师提供的学习资料并提交作业	让学生通过咨询、访谈、收集信息等方式完成作业，提升学生参与度
课中	考勤 （1 分钟）		班长：汇报考勤 教师：做好记录	培养学生的纪律性，增强集体观念
	复习与点评 （9 分钟）	1. 复习商业模式画布概念 2. 复习商业模式画布组成	教师： 1. 对学生提交的作业进行梳理和点评 2. 分析商业模式和商业模式画布的组成结构 学生：分享优秀作业	培养学生的分析能力
	我说你做 （10 分钟）	商业模式画布九大模块组成顺序分析	教师： 1. 分析商业模式画布的组成，明确九大模块呈现顺序 2. 用头脑风暴法讨论商业模式画布不同顺序的合理性 学生：参与头脑风暴研讨，做笔记	用头脑风暴法培养学生用开拓性思维思考问题
	教师讲 学生做 （25 分钟）	商业模式画布案例分析	教师：提供共享单车、廉价航空、顺丰、唯品会商业模式画布应用案例 学生：以小组为单位进行讨论、分析、记录	培养学生分析、解决问题的能力
	做一做 （20 分钟）	绘制商业模式画布	教师： 1. 布置商业模式画布绘制任务——校园超市商业模式画布 2. 巡回指导 学生： 1. 以小组为单位绘制校园超市商业模式画布 2. 小组讨论、分析，绘制画布	培养学生学以致用的能力

续表

<table>
<tr><th colspan="2">教学环节及
时间分配</th><th>学习内容</th><th>师生活动</th><th>设计意图</th></tr>
<tr><td rowspan="3">课中</td><td>秀一秀
（20 分钟）</td><td>展示商业模式画布绘制成果</td><td>教师：点评，肯定学生表现中的亮点
学生：
1. 展示成果
2. 每个小组选派一位讲解员讲解</td><td>培养学生团队协作、语言表达以及相互学习的能力</td></tr>
<tr><td>总结
（3 分钟）</td><td></td><td>教师：
1. 总结商业模式画布关键点
2. 总结同学们在绘制过程中碰到的问题
学生：聆听、记录</td><td rowspan="2">培养学生总结归纳的能力</td></tr>
<tr><td>布置作业
（2 分钟）</td><td></td><td>教师：
1. 完善本小组校园超市商业模式画布，并将最终稿提交到互动学习平台
2. 对本小组的创业项目进行商业模式画布分析</td></tr>
<tr><td>课后</td><td>学习
拓展
（20 分钟）</td><td>绘制自己的专属商业模式画布</td><td>教师：
1. 收集学生的作业
2. 在互动学习平台上在线答疑
学生：完成商业模式画布作业</td><td>巩固所学知识，为后面章节的学习奠定基础</td></tr>
<tr><td colspan="5">六、学业评价</td></tr>
<tr><td colspan="5">学业评价设计以教学目标为导向，以易操作为原则，评价设计思路如下（见附件 1）：
1. 课前学习评价，教师通过互动学习平台对提交的课前任务进行打分
2. 课中过程性评价，以小组评价为主（见附件 2）
3. 课后结果性评价，教师通过互动学习平台对完成的课后拓展题目进行打分</td></tr>
<tr><td colspan="5">七、附件</td></tr>
<tr><td colspan="5">1. 评价设计思路
2. 过程性评价表（小组互评）</td></tr>
</table>

附　件　1

评价设计思路

评价项目	评价标准	评价主体	评价方式	权重（%）
课前学习评价	课前测试题	教师	线上评价	20
课中学习过程评价	过程性评价表	学生或小组长	线下评价	50
课后结果性评价	完成率及效果	教师	线上评价	30

附　件　2

过程性评价表（小组互评）

组序	任务完成率（20 分）	完成时间（20 分）	团队协作（20 分）	创新实践（20 分）	表达效果（20 分）	备注（附加分）
1						
2						
3						
4						
5						
6						

初识创业计划书教学设计

<table>
<tr><td>教学单元</td><td>第四单元　创业计划书的撰写</td><td>课时</td><td>2</td></tr>
<tr><td>教学内容</td><td colspan="3">创业计划书的概念、核心问题和创业计划书写作步骤及逻辑</td></tr>
<tr><td rowspan="2">教学对象</td><td>授课专业</td><td>授课班级</td><td>学生人数</td></tr>
<tr><td>计算机动画专业</td><td>五年制高技班</td><td>39</td></tr>
<tr><td colspan="4">一、学情分析</td></tr>
<tr><td colspan="4">1. 该班级学生是五年制三年级学生，年龄在 16～18 岁。大部分学生来自城市或城郊，家庭收入稳定，家长们已经为学生购买了电脑，支持学生掌握一门对未来职业有益的技能。学生学习态度较好，喜欢动手，但不擅长文字写作，需要恰当引导
2. ①经过 2 年的专业学习，已经掌握计算机动画软件操作技能；②沟通表达和写作能力欠佳
3. ①软件操作能力较强，学习习惯和主动解决问题的能力有待加强；②学习态度较好，学习自觉性和自我约束力需要有效引导</td></tr>
<tr><td colspan="4">二、教学目标</td></tr>
<tr><td colspan="4">1. ①使学生理解创业计划书的用途；②使学生熟悉创业计划书的组织架构
2. ①使学生能够识别创业计划书的关键点；②使学生掌握创业计划书框架结构制作
3. 培养学生团队协作能力和整体思维能力</td></tr>
<tr><td colspan="4">三、重难点分析</td></tr>
<tr><td colspan="4">重点：①创业计划书应用场景；②创业计划书的作用及其核心问题
重点突破策略：结合学生熟悉的案例进行逐步分析讲解
难点：①创业计划书的写作逻辑；②创业计划书框架结构的搭建
难点突破策略：通过对照创业计划书架构，修改电子课件中的《香飘飘奶茶店创业计划书》</td></tr>
<tr><td colspan="4">四、教学资源</td></tr>
<tr><td colspan="4">1. 教学平台：网络课程、互动学习平台
2. 多媒体教室及教学设备：电脑、投影仪、麦克风、手机、白板等
3. 信息化教学资源：PPT、视频、微课、微信群等
4. 教材及评价表等</td></tr>
</table>

续表

<table>
<tr><td colspan="4">五、教学实施过程</td></tr>
<tr><td colspan="2">教学环节及
时间分配</td><td>学习内容</td><td>师生活动</td><td>设计意图</td></tr>
<tr><td>课前</td><td>动手动脑
（20 分钟）</td><td>预习创业计划书相关知识</td><td>教师：
1. 将学习资料（见附件 1）上传至互动学习平台
2. 检查、梳理学生课前完成情况
学生：
1. 收集互联网上关于创业计划书的相关内容
2. 通过互动学习平台学习教师提供的学习资料，尝试填写表格</td><td>让学生通过收集信息的方式提交作业，提高学生课前预习效果</td></tr>
<tr><td rowspan="3">课中</td><td>考勤
（1 分钟）</td><td></td><td>班长：汇报考勤
教师：做好记录</td><td>培养学生的纪律性，增强集体观念</td></tr>
<tr><td>导入
（9 分钟）</td><td>创业计划书的用途</td><td>教师：分享学生优秀作业
1. 给自己看——理清思路
2. 给投资人看——吸引投资
3. 给大赛评委看——检验成果
学生：讨论发言</td><td>分享过程是提高学生获得感的过程</td></tr>
<tr><td>教师讲
学生做 1
（15 分钟）</td><td>创业计划书的核心问题</td><td>教师：
1. 分析创业计划书的核心问题
①游戏：介绍身边的产品，如水杯、笔、校服等产品的市场、优势、经营模式
②强调创业计划书的三个核心问题：有没有市场？有没有优势？赚钱的模式？
2. 简述创业计划书的写作框架
3. 课堂测试题目：对创业计划书核心问题的理解。以某小组要制作微视频和小短片项目为例，利用头脑风暴探讨该项目的核心问题
学生：聆听、思考，参与头脑风暴研讨，做笔记</td><td>1. 从最熟悉的产品切入，培养学生的表达能力
2. 用头脑风暴法培养学生用开拓性思维思考问题</td></tr>
</table>

续表

教学环节及时间分配		学习内容	师生活动	设计意图
课中	教师讲学生做2（20分钟）	创业计划书的基本框架结构	教师： 1. 介绍创业计划书的基本框架结构 2. 师生一起对书中案例进行分析，对标框架结构，查看完整性 学生： 1. 聆听、讨论、分析、记录 2. 完成课堂任务	1. 小组互评，帮助学生更好地认识自己的项目 2. 培养学生分析、解决问题的能力
	做一做（30分钟）	《香飘飘奶茶店创业计划书》	教师： 1. 参照标准框架结构，找出《香飘飘奶茶店创业计划书》存在的问题 2. 发放准备好的框架模板，引导学生撰写小组项目创业计划书草稿 学生： 1. 小组分析讨论，找问题 2. 将小组项目要点放入创业计划书框架模板中	用生活中常见案例，让学生快速掌握知识点
	秀一秀（10分钟）	展示学习成果	教师： 1. 选择较好的两组进行成果展示 2. 点评，肯定学生表现中的亮点 学生： 1. 每个小组选派一位讲解员分享找到的问题，并展示自己创业项目的基本框架 2. 聆听、记录、小组互评	培养学生学以致用的能力
	总结（3分钟）		教师： 1. 结合学生案例再次强调小组项目核心问题的重要性 2. 突出熟悉创业计划的框架结构对撰写创业计划书的重要作用 学生： 1. 聆听回答提问 2. 做记录	培养学生的总结能力
	结束（2分钟）		教师：布置作业，讲解完成要点 学生：聆听并做记录	

续表

<table>
<tr><th colspan="2">教学环节及
时间分配</th><th>学习内容</th><th>师生活动</th><th>设计意图</th></tr>
<tr><td>课后</td><td>学习拓展
（20 分钟）</td><td>撰写小组创业计划书的框架结构</td><td>教师：
1. 收集学生作业
2. 互动学习平台答疑
学生：
1. 对照教材 57 页查找计划书的不足
2. 继续完善小组创业计划书的框架结构</td><td>加深对所学知识的巩固。为后续学习奠定基础</td></tr>
<tr><td colspan="5">六、学业评价</td></tr>
<tr><td colspan="5">学业评价以教学目标为导向，以易于操作为原则，评价设计思路如下（见附件 2）：
1. 课前学习评价，教师通过互动学习平台对提交的课前任务进行打分
2. 课中过程性评价，以小组评价为主（见附件 3）
3. 课后结果性评价，教师通过互动学习平台对完成的课后拓展题目进行打分</td></tr>
<tr><td colspan="5">七、附件</td></tr>
<tr><td colspan="5">1. 创业计划书框架结构
2. 评价设计思路
3. 过程性评价表（小组互评）</td></tr>
</table>

附　件　1

创业计划书框架结构

项目框架内容		小组项目	备注
一、项目概述	1. 公司或团队基本情况 2. 项目特色和卖点介绍 3. 与同类产品或服务相比较的竞争优势（在性能、价格、交付周期、售后服务等方面） 4. 是否拥有专门技术、版权、专利、配方等 5. 是否需要通过标准或行业认证 6. 公司管理和融资需求（学生项目略）		
二、团队简介	1. 团队成员组成及背景介绍 2. 组织架构及分工 3. 股权结构 4. 近期目标和长期目标		
三、市场前景分析	1. 创业所属行业概述（过去1~2年全行业销售情况，未来1~2年全行业销售收入预测，列明资料来源） 2. 所选行业目前所处市场生命周期阶段 3. 谁会使用产品（使用的目的，为何购买，主要购买客户类型和购买力） 4. 项目市场前景怎么样（更新换代周期是多久） 5. 创业的机会窗口是什么 6. 影响行业和项目发展的因素		
四、产品或研发	1. 产品或服务概述（产品功能表） 2. 产品或服务与同类产品的比较（在性能、价格、售后服务和技术支持等方面） 3. 产品或服务的新颖性、先进性和独特性		
五、产品制造或产品运营	1. 产品或服务来源 2. 产品或服务运营方式 3. 产品或服务质量管控		

续表

项目框架内容		小组项目	备注
六、市场推广方案	1. 目标客户细分 2. 短期销售目标和长期销售目标 3. 项目定价方式（销售价格制定依据和折扣政策） 4. 销售成本的构成 5. 整体市场推广方案（销售网络、广告促销、售后服务体系） 6. 对市场人员的激励和约束机制 7. 对竞争对手的反应预测及对策		
七、财务状况	1. 列简表说明公司或项目在过去一段时间内的基本财务数据 2. 列表说明每年购置开发设备、开发人员工资、试验检测费用，以及与开发有关的其他费用 3. 列表说明研发资金已投入的是多少，计划再投入的研发资金是多少，对研发队伍有怎样的激励机制和措施 4. 列出未来 3~5 年在研发资金投入和人员投入方面的计划 5. 列表说明售后服务体系建设投入情况、人力资源规划情况 6. 列表说明市场渠道和品牌推广投入情况，年度投入预算和规划情况		
八、风险评估	1. 详细说明创业中可能遇到的政策风险、研发风险、市场开拓风险、运营风险、财务风险、对公司关键人员依赖的风险等 2. 降低风险的对策及管理措施		
九、融资计划	1. 融资目的和额度，资金用途和使用计划 2. 说明融资后未来 3~5 年平均年投资回报率及有关依据 3. 投资者退出机制：投资的变现方式，上市、转让、回购等 4. 融资后未来 3~5 年项目盈亏平衡表、资产负债表、损益表、现金流量表		
十、关键进度	详细列明项目实施计划和进度，注明起止时间、已完成成果、计划完成的目标、各项目资金投入、各项目资金产出		

附 件 2

评价设计思路

评价项目	评价标准	评价主体	评价方式	权重（%）
课前学习评价	课前测试题	教师	线上评价	20
课中学习过程评价	过程性评价表	学生或小组长	线下评价	50
课后结果性评价	完成率及效果	教师	线上评价	30

附　件　3

过程性评价表（小组互评）

组序	项目合理性（20分）	纠错率（20分）	团队协作（20分）	表达效果（20分）	纪律管理（20分）	备注（附加分）
1						
2						
3						
4						
5						
6						

创业计划书要点分析教学设计

<table>
<tr><td>教学单元</td><td>第四单元　创业计划书的撰写</td><td>课时</td><td>2</td></tr>
<tr><td>教学内容</td><td colspan="3">创业计划书中七大核心组件</td></tr>
<tr><td rowspan="2">教学对象</td><td>授课专业</td><td>授课班级</td><td>学生人数</td></tr>
<tr><td>幼儿教育专业</td><td>五年制高技班</td><td>45</td></tr>
<tr><td colspan="4">一、学情分析</td></tr>
<tr><td colspan="4">1. 教学对象：该班级学生是五年制四年级学生，年龄在 17～19 岁，即将走向工作岗位。全班都是女生，学习态度较好，思维活跃，愿意展示与表达，对自己的就业方向非常明确。她们的师姐经过几年的积累和沉淀，有一些自己开办了幼儿园或幼教机构，这为该班学生起到了很好的示范作用，使她们对学习创业计划书的撰写有较高的兴趣
2. ①经过 3 年的专业学习，学生已经具备幼教的专项能力；②通过舞蹈编排、幼儿美术活动室设计等课程的学习，学生已经具备整体设计能力
3. ①学生模仿能力较强，但学习习惯和主动解决问题的能力有待加强；②学生学习态度较好，学习自觉性和自我约束力需要有效引导</td></tr>
<tr><td colspan="4">二、教学目标</td></tr>
<tr><td colspan="4">1. 将创业计划书分解为七大核心组件：①团队或公司介绍；②产品或服务卖点；③市场容量中的有效市场；④竞争维度中的核心竞争力；⑤推广渠道中的有效宣传；⑥盈利模式；⑦风险与防范
2. 掌握创业计划书的结构要点及写作步骤
3. 培养学生团队协作能力和整体思维能力</td></tr>
<tr><td colspan="4">三、重难点分析</td></tr>
<tr><td colspan="4">重点：创业计划书中七大核心要件组成分析
重点突破策略：理论解读+案例分析
难点：创业计划书中七大核心要件
难点突破策略：项目实践训练</td></tr>
<tr><td colspan="4">四、教学资源</td></tr>
<tr><td colspan="4">1. 教学平台：网络课程、互动学习平台
2. 多媒体教室及教学设备：电脑、投影仪、麦克风、手机、网络、白板等
3. 信息化教学资源：PPT、视频、微课、微信群等
4. 教材及评价表等</td></tr>
</table>

续表

<table>
<tr><td colspan="5">五、教学实施过程</td></tr>
<tr><td colspan="2">教学环节及
时间分配</td><td>学习内容</td><td>师生活动</td><td>设计意图</td></tr>
<tr><td>课前</td><td>动手动脑
（20 分钟）</td><td>创业计划书框架结构</td><td>学生：通过互动学习平台，以小组为单位提交创业计划书第二稿
教师：
1. 检查学生课前完成情况
2. 梳理学生提交的作业</td><td>巩固旧知，为学习新知打基础</td></tr>
<tr><td rowspan="3">课中
组织
教学</td><td>考勤
（1 分钟）</td><td></td><td>班长：汇报考勤
教师：做好记录</td><td>培养学生的纪律性，增强集体观念</td></tr>
<tr><td>导入
（9 分钟）</td><td>创业计划书框架中的七大核心组件</td><td>教师：
1. 对学生提交的创业计划书框架结构进行点评
2. 引出创业计划书七大核心组件
3. 用头脑风暴法引导学生说出在填写创业计划书框架时的难点
学生：
1. 分享优秀作业
2. 讨论发言</td><td rowspan="2">1. 用头脑风暴法培养学生用开拓性思维思考问题的能力
2. 分享作业可以锻炼学生的表达能力，使小组劳动成果获得认同
3 培养学生分析、解决问题的能力</td></tr>
<tr><td>我说
你听和做
（35 分钟）</td><td>七大核心组件分析</td><td>教师：（结合教材 62~92 页）
1. 分析创业计划书七大核心组件
2. 加入案例分析
①团队或公司介绍（模板法）
②产品或服务卖点（金句法）
③市场容量中的有效市场（周期法）
④竞争维度中的核心竞争力（十选三、关键指标分析法）
⑤推广渠道中的有效宣传（立体化、全方位）
⑥盈利模式（3W 分析法）
⑦风险与防范（案例法：初创公司常见的风险及防范）
学生：
1. 聆听、思考并做笔记
2. 开展小组讨论，分析自己创业计划书的七大核心要点</td></tr>
</table>

续表

教学环节及时间分配		学习内容	师生活动	设计意图
课中组织教学	做一做（30分钟）	创业计划书的修改	教师：引导学生通过七大核心组件，扩展小组项目创业计划书 学生：小组讨论分析，完成创业计划书的扩展	培养学生分析问题的能力
	秀一秀（10分钟）	小组项目创业计划书的展示	教师： 1. 选择较好的两组进行成果展示，要求讲述修改之处并说明原因 2. 点评，肯定学生表现中的亮点 学生： 1. 每个小组选派一位讲解员讲解 2. 聆听、记录、小组互评并给出建议	使学生能够做到知识点的学以致用，不断完善创业计划书
	总结与提升（5分钟）	创业计划书七大核心组件在项目中的应用	教师： 1. 引导学生对扩展内容的合理性进行探究 2. 总结七大核心组件的意义（抓住关键问题进行详细描述） 3. 布置作业：要求小组交换计划书，相互纠错 学生： 1. 依据教师提示，针对小组项目的七大核心组件进行分析，查缺补漏 2. 仔细聆听并做记录	培养学生总结归纳能力
课后	学习拓展（20分钟）	创业计划书的完善	学生：以小组为单位，对创业计划书进行修改和完善 教师： 1. 收集学生作业 2. 在互动学习平台上在线答疑	使学生加深对所学知识的巩固，为后续学习奠定基础

续表

六、学业评价
学业评价以教学目标为导向，以易于操作为原则，主要通过以下方面进行： 1. 课前学习评价：教师通过互动学习平台对提交的课前任务进行评价 2. 课中过程性评价：从小组成员活跃度、修改能力、团队协作、表达效果、纪律管理等方面进行小组评价（见附件 2） 3. 课后结果性评价：教师对小组提交的创业计划书进行评价
七、附件
1. 创业计划书七大核心组件 2. 过程性评价表（小组互评）

附　件　1

创业计划书七大核心组件

组件	参照	小组项目	备注
一、团队或公司介绍（模板法）	张××：董事长，占股51%，负责公司整体运营 专业背景：网络与新媒体专业，在校期间负责公众号运营，参与组织多个校内的线上线下活动 李×：总经理，占股25%，负责系统和技术总设计 王××：副总经理，占股15%，负责市场推广 专业背景：市场营销专业，曾参与筹备学校举办的推广活动		
二、产品或服务卖点（金句法）	1. 爱自己，想______就______ 2. 我们不______，我们只是______ 3. 我们只做好一件事，就是______		
三、市场容量中的有效市场（周期法）	1. 零和市场 2. 抑制市场 3. 潜在市场		
四、竞争维度中的核心竞争力（十选三、关键指标分析法）	1. 产品或服务优势 2. 渠道推广 3. 盈利模式		
五、推广渠道中的有效宣传（立体化、全方位）	1. 直销 2. 口碑推广 3. 电话销售 （适合幼教项目的推广项目）		
六、盈利模式（3W分析法）	付费模式的3W（Who——谁付费？When——何时付费？How——如何付费？），要体现方便性		
七、风险与防范（案例法：初创公司常见的风险及防范）	1. 潜在风险（主要围绕幼教活动考虑） 2. 财务风险 3. 运营风险 4. 应对策略		

附　件　2

过程性评价表（小组互评）

组序	小组成员活跃度（20分）	修改能力（20分）	团队协作（20分）	表达效果（20分）	纪律管理（20分）	备注（附加分）
1						
2						
3						
4						
5						
6						

第五单元　创业项目的路演

如何把创业故事讲生动教学设计

<table>
<tr><td>教学单元</td><td>第五单元　创业项目的路演</td><td>课时</td><td>2</td></tr>
<tr><td>教学内容</td><td colspan="3">一分钟路演、路演表达的技巧</td></tr>
<tr><td rowspan="2">教学对象</td><td>授课专业</td><td>授课班级</td><td>学生人数</td></tr>
<tr><td>工程造价专业</td><td>五年制高技班</td><td>35</td></tr>
<tr><td colspan="4">一、学情分析</td></tr>
<tr><td colspan="4">1. 本次授课对象是二年级学生，思维活跃，但是理论知识功底不扎实，自主学习能力、理解能力、分析能力有待加强
2. 学生对概念性基础知识的学习兴趣不高，对创业知识的学习充满好奇心和新鲜感，对情境教学环节和实训演练环节的学习积极性很高
3. 学生很有活力，对创业有热情，部分学生做事缺乏持久力和认真严谨的态度</td></tr>
<tr><td colspan="4">二、教学目标</td></tr>
<tr><td colspan="4">1. ①课前目标是借助教材与互动学习平台，介绍什么是项目路演；②课中目标是通过情境演练法教会学生一分钟路演的形式和路演表达技巧，让学生能运用一分钟模板法和路演表达技巧来吸引投资者，学会反馈和调整；③课后目标是使学生继续延伸路演思维，展示出三分钟版的路演
2. 通过学生路演实训锻炼学生归纳、分析、处理问题、沟通表达的能力</td></tr>
<tr><td colspan="4">三、重难点分析</td></tr>
<tr><td colspan="4">重点：使用模板进行路演
重点突破策略：小组成员使用手机录制路演过程，讨论并找出存在的问题
难点：掌握路演关键要素，在路演中熟练运用表达技巧
难点突破策略：在团队中选出演技巧掌握较好的学生做示范，并带领团队对项目进行优化，反复训练</td></tr>
</table>

续表

四、教学资源				
1. 教学平台：网络课程、互动学习平台 2. 多媒体教室及教学设备：电脑、投影仪、手机、网络、白板、U 盘、卡纸 3. 信息化教学资源：PPT、视频、微课、微信群、QQ 群等 4. 教材及评价表				
五、教学实施过程				
教学环节及时间分配		学习内容	师生活动	设计意图
课前	自主学习（20 分钟）	1. 路演的关键要素 2. 路演表达的技巧	教师： 1. 准备路演视频及学生学习资料，上传至互动学习平台中对应的班级资源库，发布课前预习作业：路演视频中运用了哪些表达技巧 2. 收集整理学生上传的作业，总结完成情况，做好课前教学分析 学生：完成课前预习并提交作业	培养学生自我学习能力，借助互联网使学生完成预习，为创业路演实训演练的开展奠定理论基础
课中	考勤（1 分钟）		班长：汇报考勤 教师：做好记录	了解学生到课情况，培养学生学习的纪律性
	记一记（2 分钟）	回顾课前预习的知识点	教师：点评学生提交的课前作业，公布每组学习情况和加分情况 学生：理解并记录	为后续学习奠定基础
	概念导入（5 分钟）	手机新品发布会案例分析	教师： 1. 播放手机新品发布会的视频 2. 引导学生完成问题：“手机新品发布会中是怎样介绍手机的？” 3. 点评分析案例中路演的知识 学生：回答问题，做好记录	让学生感知、了解项目路演的形式
	说一说（20 分钟）	1. 一分钟路演的要素 2. 得到 App 路演的案例分析	教师： 1. 使用互动学习平台发布头脑风暴问题：“你的产品只有一分钟路演，你会说些什么？” 2. 播放得到 App 路演视频案例，分析一分钟路演的要点	锻炼学生表达、分析、归纳的能力

续表

教学环节及时间分配		学习内容	师生活动	设计意图
课中			3. 组织学生进行手机售卖的一分钟路演，并说明一分钟路演的要求 4. 分析、点评手机售卖项目的路演过程 学生：学习一分钟路演的要素，运用模板进行手机售卖的路演演练	锻炼学生表达、分析、归纳的能力
	做一做（10分钟）	路演表达的技巧	教师： 1. 提问——路演表达的技巧有几个 2. 使用互联网教学平台发布路演技巧的题目 3. 分析、点评答题要点 学生： 1. 自主学习教材中路演的技巧 2. 回答问题并做好记录	培养学生自主学习、归纳知识的能力
	听我说（7分钟）	如何吸引投资人	教师： 1. 列举案例，提出问题：“有一个好的项目，你将如何吸引投资人？” 2. 布置任务——要求每组学生选代表上台展示，说明理由，便于对比分析 学生：讨论并归纳总结	以学生为主体展开教学
	演一演（37分钟）	项目路演的实训	教师： 1. 发放塔模型推介路演实训任务书，说清楚任务要求 2. 和学生一起制定评价标准 3. 组织学生进行小组展示 学生： 1. 以组为单位讨论任务要求 2. 每组进行塔模型产品推介，完成项目路演活动 3. 每组代表讲述项目路演收获	锻炼学生逻辑思维能力、沟通表达能力、团队协作能力
	听我说（5分钟）	路演实训点评	教师：点评路演全过程，提出改进意见 学生：归纳总结并记录	

续表

<table>
<tr><th colspan="2">教学环节及
时间分配</th><th>学习内容</th><th>师生活动</th><th>设计意图</th></tr>
<tr><td>课中</td><td>结束
（3 分钟）</td><td>回顾重点
总结评价</td><td>教师：
1. 回顾课程，点评表现
2. 概括总结，布置作业
作业为 3 分钟版本的自我介绍
学生：记录并了解要求，完成作业</td><td>加强巩固知识</td></tr>
<tr><td>课后</td><td>“勤动手”
（20 分钟）</td><td>三分钟版本自我介绍</td><td>学生：完成作业，上传互动学习平台
教师：
1. 收集学生作业反馈
2. 在互动学习平台上在线答疑，线下个别辅导</td><td>反复演练，提升沟通表达和学以致用的能力</td></tr>
<tr><td colspan="5">六、学业评价</td></tr>
<tr><td colspan="5">本课的学业评价分为学生自评、小组互评、教师评价三个环节。其中，教师评价分为互动学习平台打分和课堂点评两个部分，学生自评和小组互评见附件</td></tr>
<tr><td colspan="5">七、附件</td></tr>
<tr><td colspan="5">1. 学生课堂自我评价表
2. 课堂学习小组评价表</td></tr>
</table>

附 件 1

学生课堂自我评价表

班级____________ 姓名____________

<table>
<tr><td>评价项目及评价结果</td><td>优</td><td>良</td><td>合格</td><td>不合格</td></tr>
<tr><td>课前预习的主动性</td><td></td><td></td><td></td><td></td></tr>
<tr><td>课前预期的效果</td><td></td><td></td><td></td><td></td></tr>
<tr><td>课堂活动的参与度</td><td></td><td></td><td></td><td></td></tr>
<tr><td>回答问题和解决问题的准确性</td><td></td><td></td><td></td><td></td></tr>
<tr><td>对所学知识的认识和体会</td><td></td><td></td><td></td><td></td></tr>
<tr><td rowspan="2">学习表现是否有进步</td><td colspan="2">是</td><td colspan="2">否</td></tr>
<tr><td colspan="2"></td><td colspan="2"></td></tr>
</table>

附　件　2

课堂学习小组评价表

班级＿＿＿＿＿＿　　姓名＿＿＿＿＿＿

项目	评价要点	分值	得分
学习状态	1. 课前准备充分，完成课前预习 2. 精神饱满、积极思考 3. 发言响亮、清晰 4. 富有浓厚的学习兴趣、高涨的学习热情	0~15	
参与程度	1. 主动参与团队项目，自主探究、积极动手 2. 通过认真观察，能够主动发现和提出问题，有条理地表达思考过程 3. 善于思考，能提出解决问题的策略，表达自己独特的见解 4. 积极参加小组拓展实践活动，主动和同学分工协作，能够确实解决实际题	0~35	
参与效果	1. 养成自主学习的习惯，有竞争意识和合作意识 2. 能发表不同的见解	0~25	
小组合作	1. 小组分工明确，计划落实到位 2. 小组交流有序 3. 记录项目完成情况，归纳总结并提出整改措施	0~25	
合计		0~100	

路演策略及常见问题回答技巧教学设计

教学单元	第五单元　创业项目的路演	课时	2
教学内容	路演策略、常见问题回答技巧		
教学对象	授课专业	授课班级	学生人数
	机械专业	五年制高技班	35

一、学情分析

1. 本次授课是在学生学习了路演的表达技巧后，运用于答辩现场的全过程，学生的路演技巧运用、解决问题的能力有待加强
2. 对情境演练的教学，学生学习积极性很高，但理解能力、分析能力有待加强
3. 学生语言组织能力、团队协作能力有待加强

二、教学目标

1. ①课前目标是借助路演视频案例的分析了解项目路演的策略；②课中目标是通过模拟路演答辩，学习路演的策略以及答题技巧；③课后目标是通过小组成员课后的反复练习提高路演熟练程度
2. 运用路演策略完成项目展示，回答提出的问题
3. 通过模拟答辩锻炼学生分析归纳能力、应变沟通能力和语言组织能力

三、重难点分析

重点：学会运用路演策略，掌握路演的答题技巧

重点突破策略：利用案例分析法、情境演练法锻炼学生应变能力和沟通表达能力

难点：如何把路演的策略和回答问题的技巧讲得通俗易懂

难点突破策略：分析学生学情，分析有效案例，设计适合学生的路演实操环节

四、教学资源

1. 教学平台：互动学习平台、网络课程
2. 多媒体教室及教学设备：电脑、投影仪、手机、网络、白板、U 盘、卡纸
3. 信息化教学资源：PPT、视频、微课、微信群、QQ 群等
4. 教材及评价表

续表

<table>
<tr><td colspan="5">五、教学实施过程</td></tr>
<tr><td colspan="2">教学环节及时间分配</td><td>学习内容</td><td>师生活动</td><td>设计意图</td></tr>
<tr><td>课前</td><td>自主学习
（20 分钟）</td><td>路演的策略</td><td>教师：
1. 上传路演视频资料至网络学习平台，发布课前预习作业
①观看视频，谈谈你对路演的感受；②总结视频中路演的亮点；③你认为视频中的路演需要怎样改进
2. 整理学生上传的作业，梳理作业完成情况，做好课前教学分析
学生：完成课前预习并提交作业</td><td>为创业项目路演策略的使用奠定理论基础</td></tr>
<tr><td rowspan="4">课中</td><td>考勤
（1 分钟）</td><td></td><td>班长：汇报考勤
教师：做好记录</td><td>了解学生到课情况，培养学生学习的纪律性</td></tr>
<tr><td>记一记
（4 分钟）</td><td>回顾课前预习的知识点</td><td>教师：点评提交的课前完成作业，公布学习情况和加分情况
学生：认真做笔记</td><td rowspan="3">让学生直观地学习路演策略，引导学生归纳总结</td></tr>
<tr><td>案例导入
（8 分钟）</td><td>喜悦滑冰项目路演的案例分析</td><td>教师：播放项目路演视频案例。提出问题：“喜悦滑冰项目路演的策略亮点是什么？”
学生：参与回答并做好笔记</td></tr>
<tr><td>说一说
（12 分钟）</td><td>路演策略</td><td>教师：
1. 点评分析学生的回答
2. 归纳路演策略的知识要点
3. 进行路演策略知识的补充和拓展
学生：
1. 对知识点进行复盘
2. 对书本外补充知识进行记录并归纳</td></tr>
</table>

续表

教学环节及时间分配		学习内容	师生活动	设计意图
课中	做一做（20 分钟）	答题技巧	教师： 1. 发布头脑风暴问题：“如果你是投资人，你会对路演者提出哪些方面的问题？” 2. 播放视频案例，点评讨论并归纳答辩常见问题 3. 总结答题技巧，引导学生拟订答题库大纲 学生：观看视频，拟订答题库大纲	制作答题手册，为真实路演做好准备
课中	演一演（35 分钟）	路演答辩实训	教师： 1. 发放路演答辩实训任务书 2. 引导学生制定评价标准，设定比分权重 3. 点评答辩全过程，提出建议 学生： 1. 以组为单位进行路演答辩 2. 制定答辩评分标准 3. 每组答辩评委给予综合点评	现场答辩实训让学生在做中学、学中做，锻炼其应变能力和语言表达能力
课中	比一比（8 分钟）	学习收获分享	教师：组织学生进行小组实训分享并评分 学生：小组代表分享路演答辩的收获	
课中	结束（2 分钟）	回顾重点 总结评价	教师： 1. 回顾课程，点评表现 2. 概括总结，布置作业 作业为再次修改、完善路演 PPT 和路演演讲稿，完成终稿 学生：记录并了解要求，完成作业	复习巩固所学内容
课后	“勤动脑”（20 分钟）	制作面试答辩题库	教师：布置制作面试答辩题库的作业 学生：完成作业，上传互动学习平台	反复演练，锻炼学以致用的能力

续表

六、学业评价
本课的学业评价分为计划书、路演展示、答辩三个环节，按照师评、学生互评的方式进行。其中，实训评分表见附件
七、附件
创新创业大赛实训评分表

创新创业大赛实训评分表

项目路演评价分为三个部分，第一部分为创业/商业计划书得分，占 50%；第二部分为现场陈述和 PPT 展示得分，占 30%；第三部分为现场答辩得分，占 20%。

每个创业团队路演 10 分钟，其中 5 分钟的项目 PPT 展示说明，5 分钟的评委提问、答辩。评委现场打分，本项目路演完毕，公布上一个路演项目的综合得分。

一、创业/商业计划书（50 分）

	评分项目	评分细则	权重	分数
商业计划书评分细则（50 分）	项目概况及产品描述	概况要简明、扼要，能有效概括整个计划；产品描述有明确的思路	5	
	市场评估	项目背景及现状；公司市场定位准确；对竞争对手有深入了解，并有对抗竞争方案	10	
	市场营销计划	描绘产品/服务给客户带来的价值；成本及定价合理；能确定客户群；营销计划有针对性，营销渠道切实可行	7	
	人力资源	企业组织结构完善	5	
	财务分析	财务报表清晰明了；有明确的现金流量、资金需求预测；有融资计划	5	
	融资方案	能够说明企业融资情况	5	
	风险评估、问题应对策略	对经营中可能遇到的风险和问题进行分析，附有相应对策	5	
	项目创新	指出项目的商业模式、技术研发、市场运营等方面创新点，对项目本身的创新程度能够完整阐述	8	

二、现场陈述和 PPT 展示（30 分）

	评分细则	权重	分数
现场陈述和 PPT 展示（30 分）	思路清晰，能清楚介绍整个项目情况	6	
	表现大方得体，语言流利充满激情，演讲与 PPT 配合得当，富有感染力，肢体语言恰当	6	
	PPT 结构清晰，有逻辑性，内容完整，重点突出，形式美观大方	6	

续表

现场陈述和PPT展示（30分）	评分细则	权重	分数
	仪表端庄稳重，着装整洁，大方得体，精神饱满自信	6	
	整体设计精巧，环节紧凑，条理清晰，层次分明，结论明确	6	

三、现场答辩（20分）

现场答辩（20分）	评分细则	权重	分数
	正确理解评委提问，及时流畅作答	4	
	回答内容连贯、条理清楚，应变能力强	4	
	陈述和回答问题内容一致，语言清晰明了	4	
	整体答辩逻辑严谨、思路清晰，解释具有说服力	4	
	对评委教师的提问能作充分阐述	4	

四、实训项目总评

项目名称	商业计划书（50分）	陈述和PPT展示（30分）	现场答辩（20分）	总分（100分）

如何让你的演示文稿更精彩教学设计

<table>
<tr><td>教学单元</td><td>第五单元　创业项目的路演</td><td>课时</td><td>2</td></tr>
<tr><td>教学内容</td><td colspan="3">路演演示文稿的制作</td></tr>
<tr><td rowspan="2">教学对象</td><td>授课专业</td><td>授课班级</td><td>学生人数</td></tr>
<tr><td>机电专业</td><td>三年制高技班</td><td>35</td></tr>
<tr><td colspan="4">一、学情分析</td></tr>
<tr><td colspan="4">1. 授课对象掌握 PPT 制作的基础知识
2. 学生对创业课程感兴趣，但是设计演示文稿的逻辑思路不太清晰
3. 学生学习主动性有待加强，上课可以以他们的关注点为主线
4. 学生几乎没有参加过演讲、面试等活动，开展公众路演实训很有必要</td></tr>
<tr><td colspan="4">二、教学目标</td></tr>
<tr><td colspan="4">1. 学生具备制作 PPT 的能力，并能设计 PPT 的逻辑框架。①课前目标是能掌握演示文稿的制作方法并构思路演的 PPT 框架；②课中目标是能制作演示文稿，能完成路演实训任务，能学会运用思维导图归纳知识点
2. 鼓励学生思考，培养学生的动手能力、语言表达能力和团队协作能力</td></tr>
<tr><td colspan="4">三、重难点分析</td></tr>
<tr><td colspan="4">重点：模拟路演过程
重点突破策略：利用案例分析法、项目驱动法、讨论法、练习法等来锻炼学生运用路演 PPT 顺利完成模拟路演
难点：用通俗易懂的方法讲解路演 PPT 的设计思路和框架
难点突破策略：针对学生进行学情分析，挑选优秀案例，设计实用有效的路演实操环节</td></tr>
<tr><td colspan="4">四、教学资源</td></tr>
<tr><td colspan="4">1. 教学平台：网络课程、互动学习平台
2. 多媒体教室及教学设备：电脑、投影仪、手机、网络、白板、U 盘、卡纸
3. 信息化教学资源：PPT、视频、微课、微信群、QQ 群等
4. 教材及评价表</td></tr>
</table>

续表

<table>
<tr><td colspan="5">五、教学实施过程</td></tr>
<tr><td colspan="2">教学环节及
时间分配</td><td>学习内容</td><td>师生活动</td><td>设计意图</td></tr>
<tr><td>课前</td><td>制作“我的校园”PPT
（30 分钟）</td><td>演示文稿制作</td><td>教师：
1. 发布课前任务——制作“我的校园”PPT
2. 检查学生上传的作业，梳理作业完成情况，做好课前教学分析
学生：自主完成课前作业</td><td>为课程开展做好准备</td></tr>
<tr><td rowspan="5">课中</td><td>考勤
（1 分钟）</td><td></td><td>班长：汇报考勤
教师：做好记录</td><td>了解学生考勤情况，培养学生学习的纪律性</td></tr>
<tr><td>记一记
（6 分钟）</td><td>点评 PPT 的制作情况</td><td>教师：点评学生提交的作业，公布优胜奖加分情况
学生：观看优秀作品，认真归纳要点</td><td>通过制作演示文稿来熟悉 PPT 的制作过程</td></tr>
<tr><td>我说你听
（10 分钟）</td><td>路演的工具</td><td>教师：
1. 讲解路演的工具
2. 讲解 PPT 制作技巧
学生：做好笔记</td><td>通过讲解，让学生快速理解知识点</td></tr>
<tr><td>写一写
（3 分钟）</td><td>明确路演目标</td><td>教师：引导学生思考
学生：根据项目选择路演的目标</td><td>让学生为自己的路演定好目标，为项目路演指明方向</td></tr>
<tr><td>填一填
（10 分钟）</td><td>分析路演环境</td><td>教师：
1. 布置环境分析表实训题，说明填写要求
2. 归纳总结知识要点，点评环境分析表
学生：
1. 讨论写出项目路演环境分析表
2. 归纳填写要点，修改完善环境分析表</td><td>学会分析路演环境</td></tr>
</table>

续表

教学环节及时间分配		学习内容	师生活动	设计意图
课中	做一做 （15 分钟）	设计演示文稿框架逻辑	教师： 1. 播放创新创业大赛路演 PPT 案例，分析并引导学生设计 PPT 逻辑框架 2. 点评归纳 PPT 框架 学生： 1. 记录知识要点 2. 设计自己团队路演 PPT 框架大纲	学生在做中学，能锻炼学生分析和总结的能力
	我说你听 （5 分钟）	路演时间分配	教师：对比每组学生的路演时间分配表，进行点评 学生：听取点评，做好记录	帮助学生快速理解内容
	画一画 （15 分钟）	路演前的准备工作	教师： 1. 布置任务，引导学生用思维导图画出路演前的准备工作，写得越详细，得分越高 2. 点评，补充归纳准备工作的细节 学生： 1. 画出准备工作的思维导图 2. 修改完善思维导图	运用思维导图工具归纳记录，使学生对路演前的准备工作了解得更全面
	演一演 （23 分钟）	路演 PPT 演示	教师： 1. 布置创业项目路演 PPT 的展示任务，讲解任务要求 2. 点评路演全过程，提出改进建议 学生： 1. 每组进行路演展示 2. 学生代表担任评委，现场点评 3. 修改路演 PPT	运用任务驱动法引导学生做中学、学中做，锻炼学生逻辑思维与综合表达能力
	结束 （2 分钟）	回顾重点 总结评价	教师： 1. 回顾课程，点评表现 2. 概括总结，布置作业 作业为修改完成路演的 PPT，修改完成创业项目计划书的终稿，上传互动学习平台的作业栏并保存 学生：记录、总结	回顾、点评加深了学生对知识的印象，帮助他们学会自我总结

续表

<table>
<tr><th colspan="2">教学环节及
时间分配</th><th>学习内容</th><th>师生活动</th><th>设计意图</th></tr>
<tr><td>课后</td><td>勤动脑
（30 分钟）</td><td>完善修改路演 PPT</td><td>教师：督促、检查
学生：完成作业，上传互动学习平台</td><td>反复演练，学以致用</td></tr>
<tr><td colspan="5">六、学业评价</td></tr>
<tr><td colspan="5">本课的学业评价分为学生自评、小组互评、教师评价三个环节，其中教师评价包括互动学习平台打分和课堂点评两个部分，学生自评和小组互评见附件</td></tr>
<tr><td colspan="5">七、附件</td></tr>
<tr><td colspan="5">1. 路演环境分析实训
2. 学生自我评价表
3. 实践活动过程性评价表</td></tr>
</table>

附 件 1

路演环境分析实训

我校在组织一次创业路演，邀请了3位校内专家和3位创业导师参加答辩，每个团队发言为5分钟，你所在的团队的发言排在10个团队中的第9位，你认为你的演示文稿要考虑哪些因素？请按要求填写路演环境分析表。

路演环境分析要素	细节
路演目标	
路演人员	
路演方式	
路演环境	
投资人心态	
竞争对手	

附　件　2

学生自我评价表

班级________________　　　姓名____________________

章节________________　　　活动名称________________

评价项目 评价内容	具体内容	优	良	合格	不合格
参与态度	能主动组织和参与活动，表现积极				
合作程度	小组成员友好配合，互相帮助				
参与表现	头脑灵活，活动中有创意，能主动表达自己的思想				
成果展示	有作品展示，质量高，或在评比中获奖				
备注：根据评价项目对自己作出客观的评价，并写在相应的栏目下面					

附 件 3

实践活动过程性评价表

班级　　　　　　　　姓名

<table>
<tr><td>活动名称</td><td></td><td>小组成员</td><td colspan="3"></td></tr>
<tr><td>活动组长</td><td></td><td>指导教师</td><td colspan="3"></td></tr>
<tr><td colspan="2">评价内容</td><td>自我评价</td><td>互评评价</td><td>教师评价</td></tr>
<tr><td rowspan="4">提出实践活动题目（20分）</td><td>1. 有创造性，可操作性强，贴近学生的学习、生活实际（5分）</td><td></td><td></td><td></td></tr>
<tr><td>2. 查阅资料，为活动做准备，资料共享（5分）</td><td></td><td></td><td></td></tr>
<tr><td>3. 确立活动题目前能与小组成员充分协商（5分）</td><td></td><td></td><td></td></tr>
<tr><td>4. 设计了较为详细的活动计划（5分）</td><td></td><td></td><td></td></tr>
<tr><td rowspan="5">完成实践活动过程（50分）</td><td>1. 会用多种方法搜集相关研究资料和进行信息处理（10分）</td><td></td><td></td><td></td></tr>
<tr><td>2. 按计划有效开展实践活动，活动记录详细（10分）</td><td></td><td></td><td></td></tr>
<tr><td>3. 认真倾听同学的观点和意见，对活动的内容和方法进行合理的修改（10分）</td><td></td><td></td><td></td></tr>
<tr><td>4. 小组成员分工合理，合作愉快，工作效率高，卓有成效（10分）</td><td></td><td></td><td></td></tr>
<tr><td>5. 能对数据、资料进行科学的统计、分析，形成活动小结（10分）</td><td></td><td></td><td></td></tr>
<tr><td rowspan="3">实践成果汇报（30分）</td><td>1. 及时完成对活动成果的汇报活动，汇报效果较好（15分）</td><td></td><td></td><td></td></tr>
<tr><td>2. 展示成果有新意，逻辑性强（10分）</td><td></td><td></td><td></td></tr>
<tr><td>3. 有一定的社会价值，产生较好的影响（5分）</td><td></td><td></td><td></td></tr>
<tr><td colspan="5">等级：80～100分，优；70～79分，良；50～69分，合格；50分以下不合格</td></tr>
</table>

第六单元　创业资金的运作

创业者应知的财务常识教学设计

<table>
<tr><td>教学单元</td><td>第六单元　创业资金的运作</td><td>课时</td><td>2</td></tr>
<tr><td>教学内容</td><td colspan="3">现金流管理、融资时机和合理估值</td></tr>
<tr><td rowspan="2">教学对象</td><td>授课专业</td><td>授课班级</td><td>学生人数</td></tr>
<tr><td>汽车维修专业</td><td>五年制高技班</td><td>27</td></tr>
<tr><td colspan="4">一、学情分析</td></tr>
<tr><td colspan="4">1. 本次授课对象是高级工毕业班学生，他们已经完成跟岗实习。课堂感知能力较好，操作能力较强，课外观察力较弱，自主探究能力和逻辑思维能力需要引导和督促
2. 学生对财务理论知识不太感兴趣，对参与性环节热情较高，但切合实际的想法不多，对创业既充满期待也充满忐忑
3. 创新能力较强，可以灵活借助身边资源进行创新；适应能力强；有沟通和表达的欲望，沟通表达的方式方法还需要练习；与人合作能力较弱</td></tr>
<tr><td colspan="4">二、教学目标</td></tr>
<tr><td colspan="4">1. 通过小组内部讨论、小组之间问答以及教师点评，安排学生完善创业计划书
①课前目标是安排学生学习教材与互联网平台的相关案例，理解现金流的重要性
②课中目标是安排学生陈述创业者必须要知道的财务常识和融资估值概念；帮助学生列出企业的运营成本、月收支明细并可以制定简单的融资方案
③课后目标是根据课堂的点评和总结，安排学生继续完善创业计划书
2. 提高学生对企业现金流重要性的认识，教会他们寻求创业资金的方法以及对有限的资源进行合理利用的方法</td></tr>
<tr><td colspan="4">三、重难点分析</td></tr>
<tr><td colspan="4">重点：现金流的重要性，模拟运营成本和控制成本
重点突破策略：通过课前预习、案例分析、实际练习使学生认识到现金流的重要性；通过案例分析、教师指导、实际练习以及头脑风暴法，学生可以列出本企业的运营成本和控制企业成本</td></tr>
</table>

续表

难点：根据学生的学情分析，将运营成本的计算讲解得通俗易懂

难点突破策略：通过角色扮演、案例对比练习以及教师指导，帮助学生完成本企业运营成本的计算

四、教学资源

1. 教学平台：互动学习平台
2. 多媒体教室及教学设备：电脑、投影仪、手机、白板、卡纸等
3. 信息化教学资源：PPT、视频、微课、微信群等
4. 教材及评价表等

五、教学实施过程

教学环节及时间分配		学习内容	师生活动	设计意图
课前	动动手 （20 分钟）	1. 现金流断裂导致企业倒闭 2. 企业融资	教师： 1. 准备学生学习资料和视频案例 2. 检查学生课前完成情况，梳理学生提交的作业 学生： 1. 登录互动学习平台，领取自学任务 2. 搜索因现金流断裂导致企业倒闭的案例，搜索企业融资案例 3. 提交课前作业	锻炼学生的自学能力，了解本课内容对于企业正常运营的重要性
课中	考勤 （2 分钟）		学生：班长汇报考勤 教师：做好记录，开展课前互动小游戏	了解学生考勤情况，吸引学生注意力
	回顾导入 （3 分钟）	回顾路演的策略和目标，引出创业资金的运作	教师：通过路演的目标，引出本节内容，分析学生案例，突出本节重点 学生：分享课前搜索案例，参与互动抢答	锻炼学生表达、分析问题、归纳问题的能力
	我讲你做 （5 分钟）	1. 会计报表 2. 利润、利润率及资金周转率	教师： 1. 简单讲述会计报表，讲述利润、利润率和资金周转率 2. 通过对比案例，引导学生回答 学生：聆听、回答和做练习	

续表

教学环节及时间分配		学习内容	师生活动	设计意图
课中	练一练 （10 分钟）	控制固定成本和可变成本	学生：参考教材，按小组试着列出本企业的启动项目成本明细和月收支明细表，并计算本企业需要多少启动资金 教师：推导切合实际的项目明细，引出控制成本	1. 锻炼学生自我学习和联系实际的能力 2. 锻炼学生解决问题和团队协作的能力
	比一比 （20 分钟）	模拟分析运营成本（一）	教师： 1. 举例“开一家烤鱼店需要什么”，列出企业启动项目成本明细，引导学生在控制成本的前提下完善企业的启动成本明细 2. 列出开在本校旁边的“老王烤鱼店”月收支情况，并引导学生根据企业地点完善本企业的月收支明细表 学生： 1. 回答开一家烤鱼店需要什么，分小组对比本企业的启动资金项目是否完整 2. 根据“老王烤鱼店”第一个月收支情况，分小组对比本企业的月收支明细是否合理	
	帮一帮 （15 分钟）	模拟分析运营成本（二）	教师： 1. 提出问题：“如果创业资金不够怎么办？” 2. 从三方面讲解： ①降低成本 ②增加销售额，点出第八、第九单元内容 ③贷款、融资等其他方式，引出本节课下面的融资讲解 3. 总结确保企业现金流充足需要注意的问题 学生： 1. 学习烤鱼店资金不够的情况下，三种解决方法 2. 结合本企业情况，讨论能否再降低成本，控制成本	

续表

<table>
<tr><th colspan="2">教学环节及
时间分配</th><th>学习内容</th><th>师生活动</th><th>设计意图</th></tr>
<tr><td rowspan="3">课中</td><td>讨论
（15 分钟）</td><td>选择融资时机，并进行合理估值</td><td>教师：讲解创业发展阶段与融资方式，引出需要讨论的投资方看点
学生：根据教师的提示，讨论投资方看点</td><td rowspan="3">1. 锻炼学生归纳、分析、处理问题的能力，以及思维表达能力
2. 锻炼学生换位思考的能力</td></tr>
<tr><td>展示评价
（15 分钟）</td><td>多方评价</td><td>教师：引导小组展示和互评
学生：
1. 参考路演的展示方法，以本企业的财务表和融资讨论结果为基础进行展示，并询问投资方是否愿意投资
2. 站在投资方的角度，对其他企业进行提问和评价</td></tr>
<tr><td>总结
（5 分钟）</td><td></td><td>教师：
1. 点评学生的表现方式和表达内容
2. 概括总结本节课内容
3. 布置作业
学生：做好总结笔记</td></tr>
<tr><td>课后
拓展</td><td>动动脑
（20 分钟）</td><td>探寻学校周边的同类型企业</td><td>学生：根据小组互评和教师点评完善创业计划书
教师：
1. 收集学生作业
2. 在互动学习平台上在线答疑</td><td>反复演练，提升自我逻辑表达能力和学以致用的能力</td></tr>
<tr><td colspan="5">六、学业评价</td></tr>
<tr><td colspan="5">本课的学业评价分为学生自评、小组互评、教师评价三个环节，学生自评和小组互评见附件。</td></tr>
<tr><td colspan="5">七、附件</td></tr>
<tr><td colspan="5">1. 自我评价表
2. 小组评价表
3. 学生课堂评价表</td></tr>
</table>

附　件　1

自我评价表

<table>
<tr><th colspan="2">教学环节</th><th>评价内容</th><th>分值</th><th>得分</th></tr>
<tr><td rowspan="2">课前</td><td>微课观看</td><td>完成度</td><td>0~5</td><td></td></tr>
<tr><td>案例搜索</td><td>准确度</td><td>0~5</td><td></td></tr>
<tr><td rowspan="4">课中</td><td>案例</td><td>丰富程度</td><td>每个 5 分，上限 10 分</td><td></td></tr>
<tr><td>新知识</td><td>掌握运用程度</td><td>0~20</td><td></td></tr>
<tr><td>课堂表现</td><td>提问参与度</td><td>0~20</td><td></td></tr>
<tr><td>活动表现</td><td>活动参与度</td><td>0~30</td><td></td></tr>
<tr><td>课后</td><td>作业</td><td>作业完成度</td><td>0~10</td><td></td></tr>
</table>

附 件 2

小组评价表

项目 小组名称	小组纪律（违纪现象扣 1 分/次）（10 分）	规定时间完成任务（10 分）	作品质量（20 分）	团队展示表现（20 分）	团队评价表现（20 分）	团队合作（20 分）	备注（附加分）
第一小组							
第二小组							
第三小组							
第四小组							
第五小组							

附　件　3

学生课堂评价表

评价项目	认真	积极	沟通表达	逻辑思维	与人合作	创新性	总评
	精神饱满，发言清晰，能积极回答问题	积极参与讨论和交流	有自己的见解，并能准确表达自己的观点	在表达、练习以及讨论的过程中，有条理、有过程、有计划	善于团队合作，能虚心听取团队成员意见，也有能力使团队成员听取自己的意见。过程中使用有效的方法	有新的创意或点子，在解决问题上有不同于其他人的途径或方法	有哪些地方可以改进

备注：本评价表评价等级分为 A、B、C 三个等级。A 为达到总目标的 90%以上；B 为达到总目标的 80%以上；C 为达到总目标的 60%以上。

第七单元　创办新企业

创办新企业的流程教学设计

<table>
<tr><td>教学单元</td><td>第七单元　创办新企业</td><td>课时</td><td>2</td></tr>
<tr><td>教学内容</td><td colspan="3">创办新企业的流程、创办新企业的注意事项</td></tr>
<tr><td rowspan="2">教学对象</td><td>授课专业</td><td>授课班级</td><td>学生人数</td></tr>
<tr><td>烹调与烘焙专业</td><td>五年制高技班</td><td>36</td></tr>
<tr><td colspan="4">一、学情分析</td></tr>
<tr><td colspan="4">1. 学生喜欢抽象问题的具体化形式，动手能力较强，自主学习能力和逻辑思维能力需要引导和督促
2. 学生思维活跃，喜欢新鲜事物，对未来岗位充满期待和向往
3. 学生沟通能力差，团队协作积极但能力较弱，缺乏严谨、细致的职业素养</td></tr>
<tr><td colspan="4">二、教学目标</td></tr>
<tr><td colspan="4">1. ①课前目标是让学生通过采访了解身边的企业是如何成立的；②课中目标是让学生通过同学间的分享及课本案例（小舒创办新公司的残酷一课）总结创办企业的流程；③课后目标是引导学生继续寻找身边的创业者，了解其创业过程
2. 通过学生讲述或讨论，锻炼其表达能力和分析能力，养成勤思考的习惯，通过创业能力测试更清晰地了解自己</td></tr>
<tr><td colspan="4">三、重难点分析</td></tr>
<tr><td colspan="4">重点：创办企业的流程和注意事项
重点突破策略：采用小组讨论法，通过案例分析使学生熟悉创办企业的流程
难点：如何在课堂中让学生了解创办企业的过程
难点突破策略：采用头脑风暴法，通过课堂教学对创办新企业有一个系统的了解</td></tr>
</table>

续表

<table>
<tr><td colspan="5">四、教学资源</td></tr>
<tr><td colspan="5">1. 软件资源
网络、微信、互动学习平台
2. 硬件资源
手机、电脑、投影仪、磁性白板、麦克风
3. 信息化教学资源：PPT、视频、微课、微信群等
4. 教材及创业能力测评表</td></tr>
<tr><td colspan="5">五、教学实施过程</td></tr>
<tr><td colspan="2">教学环节及时间分配</td><td>学习内容</td><td>师生活动</td><td>设计意图</td></tr>
<tr><td>课前</td><td>勤动脑
（30分钟）</td><td>学习创业的成功案例</td><td>教师：
1. 准备微课及学生学习资料
2. 上传资料，布置课题任务
学生：
1. 在线学习微课资料
2. 收集案例</td><td>借助互联网学习创业案例，培养学生自主学习的能力，提升学生对创办企业的兴趣</td></tr>
<tr><td rowspan="4">课中</td><td>考勤
（1分钟）</td><td></td><td>班长：汇报考勤
教师：做好记录</td><td>培养学生的纪律意识，增强集体观念</td></tr>
<tr><td>说一说
（10分钟）</td><td>讲创业故事</td><td>教师：教师组织
学生：分享课前自学的创业故事</td><td>检查课前学习的同时，鼓励学生互学</td></tr>
<tr><td>评一评
（10分钟）</td><td>创业能力测评结果</td><td>教师：分析创业测评结果
学生：聆听点评，并做好笔记</td><td>引导学生认识自我，激发学生对创办企业的兴趣</td></tr>
<tr><td>谈一谈
（14分钟）</td><td>分析案例，总结小舒创业的经验与教训</td><td>教师：
1. 导入案例：小舒创办新公司的残酷一课（教材134页）
2. 提出问题：
问题1：小舒创业必须注册公司吗？
问题2：小舒公司的成立需要做好什么准备？
问题3：小舒创办新公司的残酷一课对你有哪些启发？
学生：分小组参与案例分析，头脑风暴激发思想火花</td><td>培养学生表达、分析、总结能力</td></tr>
</table>

续表

<table>
<tr><th colspan="2">教学环节及
时间分配</th><th>学习内容</th><th>师生活动</th><th>设计意图</th></tr>
<tr><td rowspan="2">课中</td><td>议一议
（35 分钟）</td><td>1. 创办新企业的流程（附件）
2. 创办新企业的注意事项</td><td>教师：
1. 在案例分析的基础上提出问题：
①如何创办新企业？
②创办新企业要注意哪些问题呢？
2. 引导分析问题：
①创办新企业的流程
②创办新企业的注意事项
学生：
1. 分享案例讨论的结果
2. 记录创办新企业的注意事项
3. 做好笔记</td><td>引导学生学会以创业者的思维分析创业流程，启发思考</td></tr>
<tr><td>算一算
（20 分钟）</td><td>人力成本</td><td>教师：
1. 导入创业思维训练——你了解员工的真实人力成本吗？（教材 144 页）
2. 算一算：员工的税前工资为 1 万元，实际能拿到多少元？企业实际支出多少元？
学生：
1. 参与创办企业的人力成本的计算
2. 做好笔记</td><td>以游戏的方式带领学生计算创办企业的人力成本，将抽象的问题具体化</td></tr>
<tr><td>课后</td><td>想一想
（30 分钟）</td><td>探寻本小组创业项目的创办流程</td><td>学生：
1. 以小组为单位分析各自的创业项目适合开公司、工作室还是门店？
2. 记录他人意见
教师：
1. 收集学生作业
2. 在线答疑</td><td>采用小组合作探究的方式让学生从实际出发考虑新创企业的创办流程及注意事项，学以致用</td></tr>
<tr><td colspan="5">六、学业评价</td></tr>
<tr><td colspan="5">1. 课前任务给 0~5 个经验值
2. 发起课中小问题，回答正确的给 0~3 个经验值
3. 凡参与讨论，建议被采纳的，均可获得 3 个经验值
4. 积极参与头脑风暴，建议被采纳的获得 4 个经验值</td></tr>
<tr><td colspan="5">七、附件</td></tr>
<tr><td colspan="5">创办新企业的流程</td></tr>
</table>

附 件

创办新企业的流程

对外：注册新公司。

对内：设计企业内部的组织结构。

下图内容及顺序不唯一。

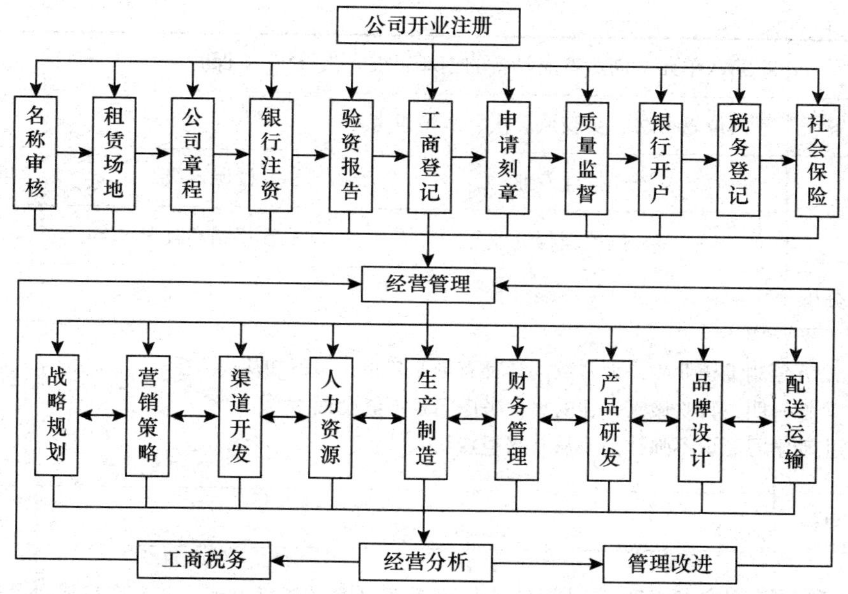

第八单元　创业者应具备的创新思维

创业者应具备的创新思维教学设计

教学单元	第八单元　创业者应具备的创新思维	课时	2
教学内容	换位思考法、头脑风暴法、六帽思考法		
教学对象	授课专业	授课班级	学生人数
	数控编程专业	五年制高技班	38

一、学情分析

1. 学生是五年制准毕业生，大多数同学都有创业梦想，但不知从何入手
2. 学生个性鲜明，喜欢做感兴趣的事，考虑问题不够全面
3. 学生主动学习意识不强，需要从其兴趣点切入

二、教学目标

1. 创业者应具备的创新思维。①课前目标是了解创业者的思维方式，并考虑换成自己是对方的话，会如何思考；②课中目标是模拟实践

2. 能换位思考问题，了解并能运用头脑风暴法及六帽子思考法。能运用其中一种方式去思考解决问题

3. 帮助学生提高独立思考的能力、表达能力以及自我激励能力，使学生愿意借鉴创业者思维并完善自我发展目标

三、重难点分析

重点：换位思考、头脑风暴法、六帽思考法

重点突破策略：通过实例与现场训练，让学生了解并掌握各种方法

难点：六帽思考法

难点突破策略：现场指导并在课后加强训练

续表

四、教学资源

1. 教学平台：网络课程、互动学习平台
2. 多媒体教室及教学设备：电脑、投影仪、麦克风、手机、网络、白板、彩笔、白纸等
3. 信息化教学资源：PPT、视频、微课、课程群等
4. 教材及评价表等

五、教学实施过程

教学环节及时间分配		学习内容	师生活动	设计意图
课前	勤动脑（20 分钟）	1. 思维惯性 2. 头脑风暴法 3. 六帽思考法	教师： 1. 准备微课及学生学习资料，上传至课程所对应的班级群 2. 收集整理学生上传的资料，统计完成情况，梳理学生提交的案例 学生： 1. 登录互动学习平台，自主学习微课及相关学习资料 2. 收集案例 3. 提交课前作业	培养学生学习的主动性，借助互联网手段使学生完成课前预习，增加学生对学习创业知识的兴趣
课中	考勤（1 分钟）		教师：检查考勤并做好记录	培养学生的纪律性，增强集体观念
	比一比（4 分钟）	回顾课前预习的知识点	教师：点评学生提交的课前作业并公布学习小组整体学习情况 学生：认真做笔记	培养学生表达、分析、总结能力
	测一测（8 分钟）	思维能力测试	教师： 1. 布置好任务，并让学生分组抢答 2. 提供能力测试题并引导学生抢答 学生：抢答问题	测试导入，吸引学生的兴趣与注意力
	我说你听（2 分钟）	1. 什么是思维定式 2. 思维定式的积极与消极作用	教师：分析讲解 学生：做好记录	

续表

教学环节及时间分配		学习内容	师生活动	设计意图
课中	做一做 （20 分钟）	突破思维定式训练	教师： 1. 将学生分成若干组并举例说明 2. 引导学生进行讨论 学生： 1. 分成四个组，每组抽签做一题 2. 认真思考所抽到题的积极因素和消极因素 3. 小组讨论后推荐一名代表（非组长）进行汇报	培养学生表达、分析、总结能力
	议一议 （8 分钟）	学会换位思考	教师：引导学生理解“不同身份的人会做出不同的选择，要学会换位思考”。进而引出在今后的职业生涯中，要学会站在他人的角度去思考问题 学生：从教师给出的三个方案（教材 149 页）中选出你认为最合理的方案并说出理由	通过不同角度，让学生理解换位思考
	我说你听 （5 分钟）	1. 什么是头脑风暴法 2. 头脑风暴的基本原理和四大原则	教师：分析讲解 学生：做好记录	
	比一比 （7 分钟）	头脑风暴法训练	教师： 1. 任务布置——小组快速写出矿泉水瓶有什么用途 2. 要求——数量多者取胜，同等数量的则时间短者为胜 3. 点评 学生：利用教师介绍的头脑风暴法，快速写出矿泉水瓶的用途	通过训练，使学生理解头脑风暴法
	我说你听 （5 分钟）	1. 什么是六帽思考法 2. 如何运用六帽思考法进行思考并讨论具体要求	教师：分析讲解 学生：做好记录	

续表

教学环节及时间分配		学习内容	师生活动	设计意图
课中	做一做（25 分钟）	六帽思考法训练	教师： 1. 任务布置——用六帽思考法讨论“你认为校园生活服务平台能成功吗？” 2. 引导学生进行讨论 学生：利用教师介绍的六帽思考法进行讨论	通过训练，理解六帽思考法
	结束（5 分钟）	总结回顾	教师： 1. 总结课堂知识点 2. 布置作业，讲解要点 学生：记录并了解要求	
课后	学习拓展（20 分钟）	六帽思考法训练	学生： 1. 小组进行六帽思考法 2. 记录他人意见并记录自己的反思 教师： 1. 收集学生作业 2. 在线答疑	培养学生向他人学习的习惯

六、学业评价

1. 对完成提交课前任务的同学给 0~5 个经验值
2. 创新思维训练中，每个小题答对给 2 个经验值，最快答对的多给 1 个经验值
3. 头脑风暴法中，积极参加讨论给 3 个经验值。如提出建议性意见多给 2 个经验值
4. 六帽思考法训练中，积极参加讨论的给 3 个经验值，如能做好自己角色的多给 2 个经验值

七、附件

1. 学生课堂表现评价表
2. 思维讨论
3. 转换视角练习

附 件 1

学生课堂表现评价表

项目	A级（16~20分）	B级（11~15分）	C级（1~10分）	个人评价	同学评价	教师评价
学习态度	上课认真听讲，作业认真，参与讨论态度认真	上课认真听讲，作业按时完成，能参与讨论	上课无心听讲，经常欠交作业，极少参与讨论			
课堂参与度	积极举手发言，积极参与讨论与交流	能举手发言，能参与讨论与交流	很少举手，极少参与讨论与交流			
善于与人合作	善于与人合作，虚心听取别人的意见	能与人合作，能接受别人的意见	缺乏与他人合作的精神，难以听进别人的意见			
思维的条理性	能有条理地表达自己的意见，解决问题的过程清楚，做事有计划	能表达自己的意见，有解决问题的能力，但条理性较差	不能准确表达自己的意思，做事缺乏计划性和条理性，不能独立解决问题			
思维的创造性	具有创造性思维，能用不同的方法解决问题，能独立思考	能用教师提供的方法解决问题，有一定的思考能力和创造性	思考能力差，缺乏创造性，不能独立解决问题			
知识掌握情况	对所学知识点掌握透彻，熟练掌握重点知识，会破解难点，并能学以致用	能基本掌握所学知识点，对重点难点掌握还算过关，但应用得不是很熟练	对所学知识点没有掌握好，并且未能学以致用			
我这样评价自己：						

续表

伙伴眼里的我：
教师的话：

注：1. 本评价表针对学生课堂表现情况做评价。
2. 本评价分为定性评价部分和定量评价部分。
3. 定量评价部分总分为 100 分，最后取值为教师评 60%、同学评 30%和自评分数 10%的比例取均值。
4. 定性评价部分分为“我这样评价自己”“伙伴眼里的我”和“教师的话”。这些都是针对被评学生进行概括性描述和建议，以帮助他们改进与提高。

附　件　2

思维讨论

1. 在一个荒无人迹的河边停着一只小船，小船只能容纳一个人。两个人同时来到河边，两个人都乘这只船过了河。请问：他们是怎样过河的？

2. 篮子里有 4 个苹果，由 4 个小孩平均分。分到最后，篮子里还有一个苹果。请问：他们是怎样分的？

3. 已将一枚硬币任意抛掷了 9 次，掉下后都是正面朝上。现在请你再试一次，假定不受任何外界因素的影响，那么硬币正面朝上的概率是多少？

4. 你能不拔开瓶塞就喝到瓶子中的水吗？

注意：不能将瓶子弄破，也不能在瓶塞上钻孔。

5. 你能猜出以下 3 组数字间有何种关系吗？

第一组：1，3，7，8

第二组：2，4，6

第三组：5，9

提示：每一组数字都有一个相同的条件。

参考答案：

1. 两人是分别处在河的两岸，先是一个渡过河来，然后另一个渡过去。
2. 四个小孩一人一个。有一个小孩把苹果放在篮子里，没拿出来。
3. 二分之一。因为只有两面，所以不管掷多少次，每次的概率都是二分之一。
4. 可以将瓶塞压入瓶内。
5. 第一组注音都是一声，第二组注音都是四声，第三组注音都是三声。

附　件　3

转换视角练习

请以小组为单位做转换视角练习，小组讨论后推荐一名代表进行汇报。

1. 思考下面这件事，并找出它的好处和积极因素，找出的因素越多越好。

在商场丢了 100 元。

2. 思考下面这件事，并找出它的坏处和消极因素，找出的因素越多越好。

读的是热门专业。

3. 分别运用“肯定”和“否定”的态度思考下面这件事，找出它的积极因素和消极因素，找出的因素越多越好。

在读学生创业。

4. 分别从正反两个观点论述下面的论题。

互联网对青少年的影响。

第九单元　创新思维对创业的启发

创新思维对创业的启发教学设计

<table>
<tr><td>教学单元</td><td>第九单元　创新思维对创业的启发</td><td>课时</td><td>2</td></tr>
<tr><td>教学内容</td><td colspan="3">产品创新、服务创新、组织创新、市场创新、品牌创新、商业模式创新</td></tr>
<tr><td rowspan="2">教学对象</td><td>授课专业</td><td>授课班级</td><td>学生人数</td></tr>
<tr><td>机电专业</td><td>三年制普通班</td><td>40</td></tr>
<tr><td colspan="4">一、学情分析</td></tr>
<tr><td colspan="4">授课对象是三年制的毕业班学生，他们好奇心强，活泼好动，有自我实现和自立的需求；对自己的文化修养缺少自信，同时又渴望在技能方面一展身手，因此对未来既充满期待又有些许迷茫</td></tr>
<tr><td colspan="4">二、教学目标</td></tr>
<tr><td colspan="4">在本节课结束时，学生能够①知道创业中的六种创新方法；②举例说明六种方法的内涵和使用意义；③说出一个创新的点子</td></tr>
<tr><td colspan="4">三、重难点分析</td></tr>
<tr><td colspan="4">重点：创业中的六种创新方法
重点突破策略：通过头脑风暴、案例分析、讨论等方法，让学生体验创业中的创新方法及应用特点
难点：创新思维对创业的启发
难点化解策略：通过案例分析、小组讨论等方法，帮助学生了解创业的过程，从而知道如何在这个过程中融入产品创新、服务创新、组织创新、品牌创新等思维模式</td></tr>
<tr><td colspan="4">四、教学资源</td></tr>
<tr><td colspan="4">1. 多媒体教室及教学设备：电脑、投影仪、手机、白板、彩色卡纸、白板笔等
2. 信息化教学资源：PPT、微信群等
3. 教材、评价表、作业表单等</td></tr>
</table>

续表

五、教学实施过程				
教学环节及时间分配		学习内容	师生活动	设计意图
课前	翻转课堂	阅读《不识字“老干妈”的创新创业历程》，回答问题	教师：提前一周安排作业 学生：在班级微信群提交作业（教材 166 页“讨论”内容）	翻转课堂学习使学生对“创业创新”有初步认识，为后续课堂教学做铺垫
课中	考勤（1 分钟）		学生：班长汇报出勤情况 教师：做好记录	教师检查学生考勤并对学生安全负责
	导入新课（6 分钟）	课堂活动	教师：组织头脑风暴活动“13 的一半是什么？” 学生：分组讨论	开场激发学生兴趣，引出“创业创新”内容
		复习上节课内容	教师： 1. 创新思维的含义 2. 创新思维的特性和形式 学生：抢答	帮助学生复习旧知，以便引出新知
	教师精讲新课（20 分钟）	1. 什么是创业 2. 创业中的创新方法 3. 创新的意义和使用特点	教师： 1. 提出开放式提问 （1）什么是企业？ （2）医院、超市、饭店、税务局是企业吗？（“老干妈”是企业吗？） 2. 通过阐述创业过程，分析得出创业过程的创新点：产品创新、服务创新、组织创新、市场创新、品牌创新、商业模式创新 3. 创新的意义和使用特点 学生：聆听并思考	帮助学生理解每一种创新方法的内涵和实用特点
	学生自学（15 分钟）	结合教师的精讲内容，阅读教材 167 ~ 189 页	学生：自学并做记录 1. 我学懂学会的知识点有哪些 2. 本课知识点有哪些 3. 我还没明白的问题有哪些 教师：巡回指导，答疑解惑	学生独立思考，消化吸收所学知识 1. 通过“学懂学会”的知识点汇总，学生产生成就感 2. 通过“出题考考你”，让学生产生分享意识 3. 通过“我还没明白的问题”，让学生学会提炼问题，并尝试求助，树立团队意识

续表

教学环节及时间分配		学习内容	师生活动	设计意图
课中	整理笔记（3 分钟）		学生： 1. 整理自己刚刚自学的任务 2. 回忆补充教师精讲的笔记	给学生留出时间，对内容进行查漏补缺
	小组讨论（20 分钟）	组内就之前“学生自学”中的三个环节展开讨论	学生：每个小组由组长主持讨论 1. 每人发言分享环节一的知识点 2. 每人分享环节二的内容。由组员随机回答，回答正确即过。如组员回答错误，则由出题人公布正确答案 3. 每人提出自己困惑的或者还没弄明白的问题，请大家讨论，若得出的结论一致则达成共识。若没有共同答案，则请教师回答 教师：巡回指导，并做记录。教师集中讲解共性问题。除了答疑，教师还可以就刚才讨论过程做简单总结，就内容进行补充、强调	1. 小组内共学，相互学习，相互解答问题，取长补短，查漏补缺 2. 树立团队意识 3. 找出共性的问题，提交教师解答，节约课堂时间，提高效率 4. 教师对学生讨论成果进行肯定，增强学生信心
	回顾翻转课堂内容（5 分钟）	回顾《不识字“老干妈”的创新创业历程》	教师：解答翻转课堂布置作业：“老干妈”创业过程有哪些创新点？结合产品创新、服务创新、组织创新、市场创新、品牌创新、商业模式创新进行分析	通过案例加深学生对内容的理解
	拓展练习（10 分钟）	形成创新创意	学生：各组分别就六种创新形式中的一种，产生一个创新创意。各小组讨论，并由一人阐述	在课程内容基础上拓展，使学生学以致用，激发其创业创新动力
	谈体会做评价（5 分钟）	学生自评 组内互评 教师评价	学生： 1. 填写本课内容评价反馈表（见附件 1） 2. 填写学生课堂学习评价表（见附件 2）中的自评项 3. 组内互评，填写表中的组评项 教师： 1. 对学生整体课堂表现进行点评，为学生打分，并填写在师评项中 2. 对各小组表现进行点评	训练学生对课堂知识的总结提炼能力

续表

<table>
<tr><th colspan="2">教学环节
及时间分配</th><th>学习内容</th><th>师生活动</th><th>设计意图</th></tr>
<tr><td rowspan="2">课中</td><td>小结
（4 分钟）</td><td>回顾总结本课内容</td><td>教师：总结本节课知识点</td><td>训练学生归纳总结能力，建立结构化思维模式</td></tr>
<tr><td>布置作业
（1 分钟）</td><td></td><td>教师：请学生利用互联网去搜一搜或者到现实生活中找一找，搜集每种创新形式的案例 1 个，共计 6 个</td><td>学会利用互联网学习，学会观察生活并学习</td></tr>
<tr><td>课后</td><td>作业辅导</td><td>交流答疑</td><td>学生：做作业或实践课程相关内容
教师：引导、交流</td><td>增进师生感情，鼓励学生学以致用</td></tr>
<tr><td colspan="5">六、学业评价</td></tr>
<tr><td colspan="5">本课的学业评价结合了学习效果评价和学习行为评价，本课内容评价反馈表是学生对本节课学习效果的评价，也是教师进行教学反思的主要依据，下次上课，教师重点解决学生“不理解”的内容。学生课堂学习评价表是对学生课堂上的行为表现进行自评、组内互评、教师评价等，重点培养学生遵守规则意识、团队意识，帮助他们养成良好的学习习惯</td></tr>
<tr><td colspan="5">七、附件</td></tr>
<tr><td colspan="5">1. 本课内容评价反馈表
2. 学生课堂学习评价表</td></tr>
</table>

附 件 1

本课内容评价反馈表

班级____________姓名____________日期____________

<table>
<tr><th rowspan="2">课堂内容</th><th colspan="5">学生评价</th></tr>
<tr><th>我喜欢的</th><th>我不喜欢的</th><th>我理解的</th><th>我不理解的</th><th>我的建议</th></tr>
<tr><td>13 的一半</td><td></td><td></td><td></td><td></td><td rowspan="7"></td></tr>
<tr><td>什么是创新思维</td><td></td><td></td><td></td><td></td></tr>
<tr><td>创新思维的特性和形式</td><td></td><td></td><td></td><td></td></tr>
<tr><td>什么是企业</td><td></td><td></td><td></td><td></td></tr>
<tr><td>什么是创业</td><td></td><td></td><td></td><td></td></tr>
<tr><td>创新思维对创业的启发</td><td></td><td></td><td></td><td></td></tr>
<tr><td>其他</td><td></td><td></td><td></td><td></td></tr>
</table>

附　件　2

学生课堂学习评价表

<table>
<tr><td>姓名</td><td colspan="2"></td><td>班级</td><td></td><td>学科</td><td></td><td>日期</td><td colspan="2"></td></tr>
<tr><td rowspan="2" colspan="2">评价目标</td><td rowspan="2" colspan="4">评价标准</td><td rowspan="2">权重（%）</td><td colspan="3">得分</td></tr>
<tr><td>自评</td><td>组评</td><td>师评</td></tr>
<tr><td rowspan="2" colspan="2">学习态度</td><td colspan="4">善于发现别人的长处，尊重他人</td><td>10</td><td></td><td></td><td></td></tr>
<tr><td colspan="4">回答问题的仪表仪态、语气语速、口头表达能力</td><td>10</td><td></td><td></td><td></td></tr>
<tr><td rowspan="6">学习能力</td><td rowspan="3">发现问题</td><td colspan="4">能主动向教师请教问题</td><td>10</td><td></td><td></td><td></td></tr>
<tr><td colspan="4">主动观察和思考，并能提出有价值的问题</td><td>10</td><td></td><td></td><td></td></tr>
<tr><td colspan="4">积极思考，主动回答问题</td><td>10</td><td></td><td></td><td></td></tr>
<tr><td rowspan="3">探究问题</td><td colspan="4">在课堂中，敢于质疑</td><td>10</td><td></td><td></td><td></td></tr>
<tr><td colspan="4">有“金点子”：看法和建议被采纳和实施</td><td>10</td><td></td><td></td><td></td></tr>
<tr><td colspan="4">有“金钥匙”：有化难为易、事半功倍的好办法并被采纳</td><td>10</td><td></td><td></td><td></td></tr>
<tr><td rowspan="2" colspan="2">学习方法</td><td colspan="4">与教师的交流情况</td><td>10</td><td></td><td></td><td></td></tr>
<tr><td colspan="4">在小组内讨论、做任务等表现情况</td><td>10</td><td></td><td></td><td></td></tr>
<tr><td colspan="2">总分</td><td colspan="4"></td><td>100</td><td></td><td></td><td></td></tr>
</table>

注：总分=自评+组评+师评，其中自评占总分的20%，组评占总分的40%，师评占总分的40%。